老澳门

沈小龙 著

江苏凤凰美术出版社

目　录

什么是"澳门" ·· 001

第一章　中外交汇　东西合璧 ·· 007
　一、古老渔港　贸易枢纽 ·· 008
　二、丝银之路　始发镜海 ·· 020
　三、西学东渐的通道　东学西渐的桥梁 ······························ 030
　四、欧陆风情的小城 ·· 041
　五、洋画国画绽奇葩 ·· 054
　六、种族的"大地之子" ··· 064

第二章　独特环境　荟萃名士 ·· 081
　一、孙中山走向世界的通道 ··· 082
　二、郑观应著《盛世危言》 ··· 093
　三、康梁维新与新潮媒体——《知新报》 ························· 104
　四、民间传颂的"澳门王" ··· 114
　五、英名流芳的独眼诗人 ·· 123

第三章　名胜随处　古迹撷英 ································· 131
　一、"东方梵蒂冈"——大三巴 ····························· 132
　二、妈祖早到于"开埠"时 ································ 148
　三、黑沙湾史牵古今 ······································ 161
　四、各路神佛共荣一庙 ···································· 171
　五、不再发威的大炮台 ···································· 185

第四章　多元社会　包罗万象 ································· 197
　一、东方的"蒙地卡罗" ··································· 198
　二、声色犬马现百态 ······································ 213
　三、鸦片走私几度兴衰 ···································· 224
　四、"猪仔馆"——人间地狱 ································ 238

第五章　百年沧桑　沧桑几多 ································· 249
　一、台风刮来"天灾节" ··································· 250
　二、"阿马留事件"是意外 ································· 264
　三、"路环惨案"几多惨 ··································· 272

跋 ·· 280

前　言

什么是"澳门"

着手《老澳门》一书写作的资料收集已三月有余,这中间也曾认认真真地"啃"了30多册相关的书籍。真正着笔落墨,却突然冒出来这么个疑惑:什么是"澳门"?什么是"老澳门"?

"如果香港已成为东方之珠,澳门则是一颗有待琢磨的玉石,经适当加工,其价值及光泽将超过一颗珍珠。"有海外华人学者如是认为。

"人们发现澳门从来就是一个各种思想相互包容的社会。在澳门,葡萄牙人文主义和中国的宇宙观和谐相处,中西文化互相尊重、互相学习。澳门这种开放而兼收并蓄的精神,为各国不同文化增添了光彩。不言而喻,澳门文化像灯塔一样,给这个不安宁的世界带来了光明和希望。"诺贝尔和平奖得主、日本著名作家池田大作则从文化的角度为澳门做了如是的"诠释"。

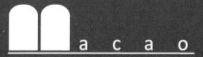

当然,澳门也有"东方蒙地卡罗"、南海上的"西西里岛"等称呼。一直以来,人们对澳门的说法差异很大:有人认为,那是个吃喝玩乐的花花世界,是有钱人的消费处;也有人认为,那是个"万花筒",你用什么"色光",它就能漾现什么"色彩"……澳门,实在是个谜一样的地方,古往今来都是如此。

这个坐落在中国南海岸上的小小半岛,有人说,在世界版图中,要用放大镜才能找到。然而,就是这个在图中不起眼的地方,其特殊的地理位置和特殊的历史,孕育了独特的区域文化,世人不能不为之侧目。

"你可知MACAO不是我真姓……"前辈诗人闻一多和当代小歌手容韵琳表达的是同一种情感——他们急切地想让世人明白的,就是什么是澳门!

澳门之名,在400多年前已出现在史书中,"澳门有南台、北台,两山相对如门,故称澳门"。而澳门自明朝以来,有香山澳、濠镜澳、濠镜、镜海、镜湖、濠海、海镜、濠江、莲峰、莲洋、莲海、莲岛等一大串称谓。从这一长串地名中,我们不难感觉到,其有鲜明的地理环境和中国文化色彩。

什么是澳门?不经意中想到了在参加澳门回归报道时,我曾用过的一个题目:"澳门是座博物馆!"澳门自开埠以来,已有

前言

400多年的历史，其独特的经历，累积了个性鲜明的人文背景，张目可见，亦可触摸——整个社会就是个中西文化交流、共处、融合的"博物馆"，既有中华传统，又有欧陆风情，还有不中不西、亦中亦西的人伦和事物，多姿多彩，情趣盎然。

在澳门，我曾有过一次"冒昧"之举。那次，我要去澳门日报社为朋友取一份资料，因时间不急，便又过了一次"走街串巷"的瘾。从板樟堂街附近的一条小巷，我认准大方向便往里"窜"入。路过一家外墙色彩鲜艳、落地玻璃门窗，总之完全是西化感觉的小洋房门前时，正好几位金发碧眼的洋人在门厅前道别。我不经意地望了一眼，却一下子来了兴致：建筑外观完全西化，主人客人都是洋人，但房内客厅正上方，却摆了个现在乡村里也很少见的"搁几"；而上面一尊手执兵器、身着战袍、红面浓眉的神像——显然是关公像，正在享用腾腾香火；客厅的摆设，也是中国传统的红木家具居多。费了半天口舌，掏出了所有能证明我不是"心怀歹意"之徒的证件，又看着我这孤身一文弱书生样，实在对他们构不成多大威胁，这家主人终于放下戒心，热情地向我解答所有的问题。据他们介绍，像这样中西合璧式的生活，在澳门的洋人中极为普遍。男主人说："这样的现象是澳门的一个特征，也是很有意义的一个特色。这种中西生活的融汇，实际上也是在进行着中西文化的交流,增进着中西方人相互间的了解,汲取着相互间先进有趣的成分。这种现象的出现便是对社会进步的一个促进。"男主人是在澳门一个文化机构工作的,他的话提醒了我,将对澳门的好奇提升到一种现象来探究。

从这小巷的民居出来,再来看澳门,的确有了很多新感觉、新意境:建筑物,风格上有西洋葡式,也不乏中华民族传统的亭台庭院,新口岸一带的现代化建筑无论规模气派绝对国际一流;而望厦老居民区也不乏中国农村20世纪20、30年代那样的古朴民居,更有郑家大屋这样当时大家族豪气仍可寻觅的古宅,还有大三巴牌坊和中葡友谊纪念碑、东方拱门这样的标志性建筑物。再看街头,奔驰房车和人力三轮,各色人种同操白话,黄皮肤老汉老太用刀叉吃着西餐潇洒,金发少男少女拿筷子夹面条自如……这些现象,实在是意会中西,思牵古今。我觉得,在不大的澳门,这一切都像是一个博物馆内陈列的一物一景,体现着浓郁奇妙的文化特色。

澳门是个"博物馆",是一个实现中西文化交融的特色博物馆。既是博物馆,里面的"陈列"自会有过"繁荣"和"沧桑"。但无论怎样,澳门这一特色,值得总结和探究处甚多。

"广州诸舶口,最是澳门雄。外国频挑战,西洋久伏戎。"

前　言

　　释今种在《澳门诗》中的诗句，其实就是体味"澳门"之内涵的绝妙佳句！

　　而于个中，我也体味到，澳门是无所谓老与新的。在澳门的路环岛，有5000年前的黑沙湾文化。可就是这个澳门最初有人迹的地方，现在是澳门新兴的旅游开发区域。这是个背衬五星级豪华酒店、高尔夫球乡村俱乐部等今天的现代气息，又有海韵清风，远离城市喧嚣，是游人寥寥的岛尽头，可看海天一色，步碎石小路，逛渔村小屋……成了澳门"处女地"意味的区域。繁华与宁静并存，现代和历史重叠，澳门，是于沉淀累积中，创造这样一种旧中出新、新中融旧的景象。

　　它什么时候都有新的景象出现！

　　它什么时候也不会舍弃旧有的！

　　这就是澳门，是一个无法用时间，或者只能用时间来确定新和老的澳门！

第一章 中外交汇 东西合璧

一、古老渔港贸易枢纽

说来也算巧事，我最早几次去澳门，都是由珠海湾仔出关，乘轮渡经粤通码头入澳的。也就是说，都是过海的。尽管也就是几百米的海峡，和一般的河道没什么两样；但我以为，这是能最好地体味澳门神韵的途径。不能设想，这么小小的一片山丘地，如果没有海，它会怎么样。虽然，拱北口岸新大楼的落成、莲花大桥的贯通，使得澳门已完全没有了旧时"岛"的概念——已有多个陆路通道了。澳门所以称其为"澳门"，能在一片山丘地中，冒出这么一个有个性的都市来，主要缘由就在于它和海之关联：它的蛮荒是海浪"唤醒"的，它的繁盛是海潮带来的。它兴也罢、衰也罢、荣也罢、辱也罢，一切的一切，都和海有关联。

若溯之远古，澳门就是一个船家的停泊小憩处，这中间包括渔民、商家和海盗。而澳门能由偏僻海岛热闹起来，南宋末年的

第一章 中外交汇 东西合璧

战争也是成因。其时，宋军曾保护宋端宗到过井澳、大屿山等处。勤王兵马与元军决战于氹仔海面，吃了大败仗，不少兵士便退到了澳门这个人迹罕至的荒岛上，澳门开始有较多人口定居下来。这些亡了国又不甘屈辱的将士，搭建茅庐草舍，择水而居，靠海吃海，加之生计所需之其他物品，便逐渐形成集市。

天然港湾成就了澳门自古以来的港口和贸易，成就了澳门中西方文化的交汇和各种人文的活跃。而特别值得说明的是，虽然有关澳门历史的中外书籍，几乎都是叙述澳门开埠是自明嘉靖三十二年至三十六年（1553—1557），葡萄牙人进入澳门居住后开始的；而我以为，这实在是不符合澳门的历史发展的实际情形。

事实上，澳门古时远不像今时这样半岛延伸。其时虽也是三面临海，但北面也就是一条河堤，似莲之茎，相连拱北。"水乡泽国"之情形，较现在更为贴切。

正因为有这样得天独厚的自然生态环境，古时中国越族的祖先就在这里择水而居，开始以采贝类为生，渐渐也懂得了以舟楫捕鱼为业。澳门博物馆中展出的竹湾、黑沙等地发现的较粗糙的陶皿残片、石斧、玉器，以及秦汉前的陶器残片、五铢钱，宋元间的青釉陶瓷碎片等，都可以证实澳门古时不是荒芜的海岛。

而澳门自古以来虽地处一隅而不荒芜，就是因这里为天然之

"澳"的缘故。

何为"澳"？清初著名学者屈大均在他所著述的《广东新语》中不仅有清晰之解，澳门早期的对外商贸情形，也可从中一窥："凡番船停泊，必以海滨之湾环者为澳。澳者，舶口也。香山故有澳名曰浪白，六百余里，诸番互市其中。"

史书和史迹都不乏这样的证明，澳门一直以来就是重要的盐场和海运出口处。正是因为有这样的条件，澳门正式开埠前，也就是葡人入澳前，东南亚琉球群岛等地区的渔民，都会乘船在每年的季候风期间来到澳门，进行朝贡之余的贸易。这和计划经济体制下农民交了公粮后，余粮可在市场议价销售，大致也差不远。

论从事对外贸易的资历，阿拉伯商人是真正的老资格。明正德年间，就有阿拉伯商人在当时被称为濠镜的澳门地区进行贸易呢！有史书称，广东官府约在1535年就将市舶提举司迁澳门地区，允许外国商船入泊濠镜，从此成为中外互市之地。可以毫不夸张地说，澳门，是中国对外贸易活跃的地区。活跃到什么程度？从简易生活必需品的原始交易，到后来的买卖金银珠宝，买卖丝绸香料，乃至卖笑买笑、卖身买身、卖毒品买毒品，什么都交易。

不论正途邪途，偏居一角的海岛贸易能这般红火，成就其事的直接原因，就是得益于天然玉成的海港。

第一章 中外交汇 东西合璧

　　当然，这样天然的惠泽并非仅限于当时。在澳门老一辈人当中，都知道现在粤通码头附近的一条古老的街巷——沙栏仔。它的出名，不是建筑有什么特色，而是在20世纪30、40年代，这里就是澳门著名的咸鱼街。香港著名的"海产大王"蔡继有先生就是从这里开始创业的。

　　而澳门的水产业之所以能一直兴盛，就是这个"澳"字的好风水！

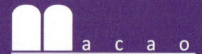

晒罟。此等网较长，网需挂上绕多次晒晾

第一章 中外交汇 东西合璧

中西文化交融的港口城市

内港里的捕鱼船

小艇上的货运往来

第一章 中外交汇 东西合璧

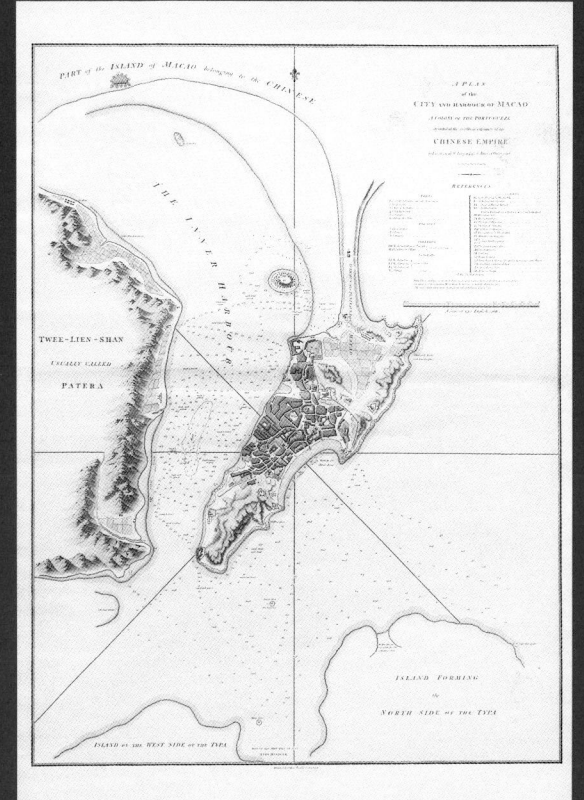

1796年的澳门地图，反映了
澳门何故又称为莲岛

图片出处：澳门特别行政区政府文化局澳门博物馆

青洲附近的流动捕鱼船

春节期间,出海渔船云集澳门下环街内港一带及路氹海面度岁

第一章
中外交汇 东西合璧

从内地来澳交货的渔船

扒白艇捕鱼。渔民坐在艇尾一边扒艇，艇身倾侧，鱼儿见白板受惊，则自动跳入船舱

20世纪30年代，氹仔共有9只送人艇

第一章 中外交汇 东西合璧

戴"大头帽"的渔妇背着小孩正摇橹送客

二、丝银之路 始发镜海

历史上,中外商贸的通道主要有两条:一条是内陆的丝绸之路,一条就是海上的丝绸之路。

世事有时就是那么巧,我是生长于两处都不沾边的越地,但人生如浮萍,20年的漂泊生涯,却在两处都有一定的生活期。丝绸之路始于汉唐时的国都长安,由河西走廊出玉门关,跨天山经准噶尔盆地,穿伊犁河谷,出新疆;或是穿越塔里木盆地出新疆,赴中西亚,到地中海诸国。商路的腹地新疆,是我青年时代寻梦的所在。海上丝绸之路始于南海之滨,通日本、东南亚和欧洲。南粤,则是我人到中年的谋生处。

有学者将海上丝绸之路称为丝银之路,是有它的道理的。

丝银之路较之于丝绸之路,虽然时间要晚得多,但其作用和影响力却没有孰优孰劣之论,两者也是有一定渊源的。这种渊源,

第一章 中外交汇 东西合璧

也使得当时为中外贸易枢纽的澳门更加繁华。

丝银之路,也就是商人运输白银和丝绸等贸易物的海上航行路线。在16、17世纪,主要有三条重要航线。一是澳门—印度果阿—葡萄牙里斯本航线。葡萄牙商人用上千吨位的远洋帆船,把生丝、绸缎、黄金、黄铜、麝香、茯苓、大黄、甘草等货品运往果阿和欧洲各国;由欧洲经果阿运往澳门的货品有白银、胡椒、象牙、檀香等,白银为最大宗。二是澳门—日本长崎航线。从澳门运往长崎的货品有生丝、铅、红木、水银、锡等,而从长崎运来澳门的货品主要也是白银。三是澳门—菲律宾马尼拉—美洲墨西哥航线,这也是中国和美洲最早的贸易航线。从澳门运往马尼拉的商品有生丝、丝织品和瓷器,而从马尼拉运入澳门的主要还是白银。

三条航线来来往往的贸易中,丝绸和白银都是主要的,丝银之路的称谓便由此而起。虽然,事实上丝银之路的起因并非是洋人追求中国的丝绸,而是黄金。这里又牵扯出一个功过是非任人评说的故事。14、15世纪,欧洲国家出现了一股拜金狂潮,封建主、骑士、教士和航海家以及各阶层都流行"黄金梦"。发现新大陆的哥伦布在写给西班牙国王费迪南和王后萨拜拉的信中就流露了这份狂热:"黄金是一切商品中最宝贵的,黄金是财富,谁占有黄金,谁就获得他在世界上所需的一切。"哥伦布发现了新大陆中外流芳，而他为何会去冒险的缘由——追求黄金的狂热，便被忽略不提了。历史在造就英雄时总是仁慈宽厚的！

正因为当时的拜金狂热，威尼斯商人马可·波罗描写东方中国、印度和日本是"遍地黄金，香料盈野"的《马可·波罗游记》才能风靡欧洲，也激发了欧洲人到东方寻黄金的欲望。但其时，执海外贸易牛耳的是阿拉伯人，到东方寻宝的传统陆路，对欧洲人而言，强悍的阿拉伯人控制的中西亚地区，无疑是"禁区"。其时，由于运用了中国发明的指南针，远洋航海业有了质的变化，探求新航线到东方寻黄金，就是丝银之路最初的成因。这也成就了老澳门的繁荣。

在这种狂热的追求中，葡萄牙人是一马领先的。不起眼的小国，能称雄海上，主要是在1394年，这个欧洲小国诞生了一位开辟东西方新航路的奠基人，他就是航海王子——亨利。

亨利和海自幼便有渊源。亨利呱呱落地时，便啼哭不止，搅得整个王宫不得安宁，大家毫无办法。有一次，一宫女无意中把他抱到一幅壮美的海景油画前，奇迹出现了：小亨利的哭声戛然而止，盯着看海景的双眼格外有神。自此，这幅海景图便成了止住小王子啼哭的良药。

自小和海格外有缘的亨利王子长大后，不断进行航海探险，

第一章 中外交汇 东西合璧

奠定了沟通东西方航海通道的基础。王子的海之缘,自然也是澳门由东西方航海通道的一个始端或终端,发展成为东西方国际贸易的中转港和贸易中心的成因。

欧洲人到了东方,看不到遍地黄金,但中国轻柔的丝织品,经丝绸之路传入西方后,却是上流社会炫耀身份地位的物品。葡萄牙人租居澳门,从海上开展东西方贸易,最喜好的也自然是丝织品了。

这种贸易的兴起,促进了澳门乃至珠江三角洲地区的商贸,应运而生了专为葡商采购生丝和丝织品的中国商人群。香山县翠微的韦殿郎就是个中的佼佼者。出身于农家的韦殿郎,年轻时迫于生计,离家来到广州谋生,被参加广州交易会的葡萄牙商人招聘为供应生丝的牙侩(二道贩子)。反正守着薄田也难以得温饱,韦殿郎牙一咬,就将家里的10亩薄田卖掉,作为经商的资本。此举在当时可谓惊人之举了,卖田卖地,有违祖训,无异于败家子之所为。

韦殿郎初时虽招来骂声阵阵,但这却是中国历史上农民罕见的有胆有识之举,无异于陈胜在大泽乡的呐喊:"王侯将相,宁有种乎?"

韦殿郎等人从苏州、杭州、景德镇等地将大量的丝绸和精美

的瓷器运到澳门,转手卖给澳门的葡商;从葡商手中换取白银,再赴苏杭等地贸易。正是有韦殿郎这样一大批"牙侩",澳门在当时中国丝绸输出和白银输入的贸易中,处于入超地位,不但使老澳门有了对外贸易港的繁荣景象,一定程度上也促进了中国商品经济的发展。有几组数据是很好的说明:明万历十三年至十九年(1585—1591),从果阿运进澳门的白银约90万两;万历十三年至崇祯三年(1585—1630),从长崎运入澳门的白银有1480多万两;万历十五年至崇祯十三年(1587—1640),从马尼拉运入澳门的白银折合西班牙元有2025万两。这些白银绝大部分成为中国内地的货款。

数字枯燥,但从这些枯燥的数字中不难感受到,澳门作为丝银之路的起点,在古时所发挥的国际大商港的积极作用。

第一章　中外交汇　东西合璧

落日余晖下的商船队又入澳门来

市场上的陶瓷器皿摊品种颇全

第一个踏足中国珠江口岸的葡萄牙探险家欧维士

第一章 中外交汇 东西合璧

葡萄牙人聚居、贸易和寻欢的地方。这就是南湾区,濒临海湾,风光无限

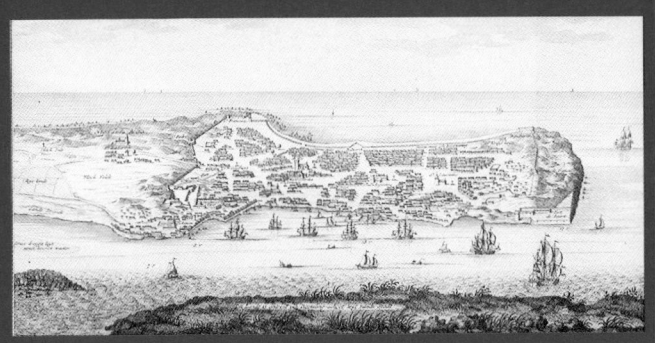

18世纪的澳门,是中国与世界交往最早的门户之一
图片出处:澳门特别行政区政府文化局澳门博物馆

"利涉大川"海船岩画,供奉于妈祖阁,是清代的岩画。据传,明万历年间,天后娘娘乘此船由福建到达澳门

人来人往的老街道,人气旺,生意自然不错

第一章 中外交汇 东西合璧

从船上挑上岸的咸鱼汤,可制鱼露,据说十分美味

三、西学东渐的通道 东学西渐的桥梁

留洋,一直以来是个时髦而令人向往的名词。习惯里,人们总是觉得中国人漂洋过海去欧美、日本等发达的资本主义国家学习是留洋。殊不知,最早"留洋"的,恰恰是西方国家的一些向往东方文明的年轻人。当然,这当中也有一部分是真心实意愿意为上帝"拯救世人的伟业"真诚奉献一切者。他们留洋的地点,便是澳门。

澳门,作为东西方文化最早的交汇点,人誉之是"西学东渐的通道,东学西渐的桥梁",是不为过的,缘由也在此。

不论历史上有多少洋教士在中国犯下诸多恶行,单就东西方文化的交流传播而言,洋教士们的功绩被首推是无愧的。16世纪中叶,大主教耶稣会教派的传教士几乎与第一批葡萄牙人同时登陆澳门。最早的记载是1561年,就有两位传教士定居澳门。1576

年,澳门升格为主教区,成为天主教在远东的传教中心。

这些耶稣的"勇兵"漂洋过海来到远东,仅"福泽"几平方公里的澳门,是远不能称之为忠诚的。把主的"福音"普洒到地球的每一个角落,才是他们神圣的使命。

如何完成这一使命?这以前也有一些洋教士逞匹夫之勇,欲深入内地传教;但红毛绿眼的异样,只能在国人眼中被视为异类而遭排斥。

这中间,就不能不提意大利籍耶稣会传教士范礼安了。1578年,范礼安抵达澳门时,澳门虽是块弹丸之地,但对他体味中国民风、探究以前的传教士失利的缘由,不失为良好的基地。他在这里潜心研究了中国国情及典章制度后,顿然开悟:教会所面对的是一个历史比教会本身要悠久的文明古国,儒、佛、道的影响力,上至王室,下至百姓,根基厚实,岂能随便就接纳洋教?

范礼安在澳门的街头巷尾深入体察民情后有了这样的启迪:要使"洋教"进入这一东方古国,必须从介绍西方物质文明和科技成果入手,取得统治层的信任和支持,就什么都好说了。也只有这样,方能有效地做"耶稣的勇士",替他上阵作战,来征讨这崇拜偶像的中国。

澳门给他的感悟,使他对西学东渐和东学西渐有了一个里

程碑意义的构想:为方便新来的传教士学习中文和中国礼仪,在澳门创办一所教会大学。这就是位于大三巴牌坊的圣保禄学院,1594年正式建立,1835年因教堂被雷击中引起熊熊大火而全部被焚毁,前后历时241年之久。这期间先后开设了汉语、拉丁语、神学、科学、天文、艺术、哲学等课程。更值得一书的是,它开设的艺术学和神学还可以授予学位。

当过圣保禄学院院长的卡尔曾这般不无自豪地说:"它和欧洲的大学惯常的做法一样,在学院的教堂里将艺术教师的称号授予那些当之无愧的人。所有候选者都在朋友和教父的陪伴下,骑着马,携带着风笛,从他们的家乡赶来。"他还着重说明:"澳门的耶稣学院,就是一所大学,从最初级课程直至神学课程均有所设置,并把博士称号授予在那大学里学有所成之士。"

作为远东地区的第一所西式大学,作为汉学家和西学人才的摇篮,是澳门造就了它,还是它选择了澳门?答案自是毋庸置疑的。在圣保禄学院(又称澳门修道院)进修的西方传教士有200多人,其中许多人学贯中西,在传教过程中把西方宗教与科技典籍译成中文,传入中国;也有的把中国古代典籍翻译成西文,传入欧洲。东西方文明,就在这样的互动中,彼此受惠相长。

澳门成为传教士们的中间站,以其特殊的地理位置,成就着

第一章 中外交汇 东西合璧

西学东渐和东学西渐的伟业。

当然,其时对澳门而言,它的这番作为是无意而为之的,但它的功绩实在是可彪炳史册的。西方传教士为成功地在中国传教,携带了大量书籍由澳门进入中国。1610年到澳门的传教士金尼阁,一人一次就带来了7000多册西方书籍。这些介绍西方科学文化的书籍,对中国接受西方先进的科学思想,是有着不可低估的促进作用的。

有一位传教士利玛窦,是不能不提的人物。他在澳门圣保禄学院学了中文,了解了这个东方古国的民风习俗,到中国内地传教时,著述和翻译的作品,很多都是载入了史册的。他著述的《乾坤体义》二卷,下卷专论数学,是近代数学传入中国之始。他带来一幅《万国舆图》,后又据此绘制了中文世界地图的初本,这也是西方地理学和地图学传入中国的开始。

于医学、天文、物理、建筑等学科,传教士中也多有功绩卓著者。像汤若望在中国传教时,著述有《古今交食考》《西洋历测》《星图》《八线表》等10多种著作。

随着西学大量传入的同时,传教士们也将东学西传,利玛窦就将"四书"译成外文本寄回本国。《大学》《中庸》《论语》《易经》《老子》《淮南子》等中国经典之作,也纷纷由传教士们翻译后西传。

这种文化交流对人类的贡献是一目了然的。澳门特殊的人文背景构筑的"中间站",成就了这样的交流;这种交流活动离开了老澳门,也不能想象其能行之顺之的。

澳门城市主保——圣约翰

第一章 中外交汇 东西合璧

嘉模圣母堂,建于1885年,是氹仔唯一的天主教堂

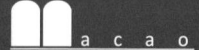

大三巴牌坊上的圣母雕像,是西方雕塑和绘画艺术与中国石工技艺的结合物

新旧文化的并存随处可见

第一章 中外交汇 东西合璧

西学东渐之风和宗教对每个家庭都产生了影响，日用摆设、家具装饰都显出中西合璧的特色

能和中国官员交流自如的利玛窦

图片出处：澳门特别行政区政府文化局澳门博物馆

始建于1928年的圣方济各圣堂，位于路环的海滨

第一章　中外交汇　东西合璧

1582年，利玛窦前来中国传教，学习汉语的地方正是澳门

贾尼劳,澳门天主教首任主教,创建了仁慈堂

第一章 中外交汇 东西合璧

四、欧陆风情的小城

澳门新口岸一带置地广场等建筑的恢宏气派，不亚于香港中环和日本东京银座，乃至纽约曼哈顿等国际大都市闹区的写字楼；但澳门的老人，乃至周边珠海、中山等地的老人，口头上都称澳门为"澳门街"。

为什么叫"澳门街"？旅居澳门的乡亲告诉我："那意思就是澳门实在太小了，小到只有一条街。"

当然，这个"一条街"，和以前形容内地某些县城的"一条马路两座楼，一个警察看两头"的概念是完全不同的；我体会到它的意思是：游小城澳门，最好是安步当车，这样才能充分体味它的神韵。不谈入夜澳门的灯红酒绿，就澳门给人最深、最美的印象而言，还是这个城市中心区域的风貌，这是和新口岸新建区完全不同的感觉。澳门日报社的一位资深记者曾这样形容："半岛上，房屋街道依地势建筑，高低有致，层楼叠阁，远看有如小山城，街道多斜坡，也就是这个城市的特色之一。到过葡国里斯本的人，都会发觉澳门和里斯本这两个城市的地理、形态有点相似，因为里斯本也由多个山冈构成。葡人逐步占领澳门数百年间，在建城市时，可能将里斯本建筑的概念搬来澳门，以至风格有点相似。且不说楼房建筑，只说碎石路就大同小异，充满异国情调。"

这段不长的文字，道明了东方小城"欧陆小镇"风情的缘由。

澳门的欧陆情调流露最明显的，是位于市中心的议事亭前地广场及四周的一系列葡式建筑物。老澳门区域文化的精湛处，不能不提建筑，而这里，便是澳门建筑精华的荟萃处，是体味澳门神韵的最佳所在。为什么这么说呢？你能否再列举一个城市，在它的政府办公楼大门前，会有这样的"风情"：有上班族的匆匆步伐、家庭主妇的琐碎婆妈、老人的悠闲、小童的嬉戏，当然，还有游客的好奇和惊异！

要想领略澳门的繁华与朴实，领略澳门的享受与包容，一定要到这里来走走，也不妨坐下来静静地品味一番。这是一处你不打扰别人、别人也不会打扰你的地方。

这个不算很大，但在岛城已是很难得的广场，地面本身就是典型的欧陆风情：由葡萄牙的能工巧匠按南欧传统风格，用黑白

第一章 中外交汇 东西合璧

两色的碎石子镶嵌而成,犹如微波轻漾的海面……你可不要小看广场上这些粗糙的碎石子,这都是从葡萄牙运来的。

而广场的四周,都是一幢幢鹅黄、粉红、浅绿、灰白色的古老建筑。这些建筑,从外到内都是葡式风格为主。有亚洲大陆最古老的欧洲慈善机构——仁慈堂大楼,也有不少现在都成了政府机构办公处所,像澳门政府旅游局商务旅游中心、邮电局等。

虽然这里的每一座建筑都有岁月留痕,但最引人注目的,还是议事亭前地正面那古朴的葡式建筑物——市政署大楼,前身是澳葡政府的市政厅。它实在是个浓缩老澳门历史的建筑:市政厅的葡文名是"忠诚之议会",它是澳葡自治机构——议事会的办公地址。

为什么叫"忠诚之议会"?这是居澳葡人一段颇值得自豪的历史:1581年至1640年,葡萄牙被西班牙兼并了,但在澳门的葡国人却在此事上表现了强烈的爱国精神,坚决不投降,继续在大楼悬挂葡萄牙国旗以示效忠故主。后来,葡国复兴,就赐澳门为"忠诚可嘉,仅此天主圣名之城"。

1874年,葡人收购了议事亭并加以重建,就有了今日的模样。在1999年12月20日凌晨,我参加澳门回归报道时,亲眼看见几分钟内,澳葡警察成为特区政府警察后,旧徽换新徽的情形。建

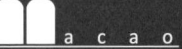

筑依旧，历史掀开了新页。

位于议事亭前地广场尽头的板樟堂，全称为"圣道明会老修院之至圣玫瑰圣母堂"，中文就利索多了，称为玫瑰堂。这个始建于1587年的建筑物，是澳门最宏伟、最典雅的巴洛克式教堂。堂内供奉的花地玛圣母，葡人是十分崇敬的。每年5月13日，澳门的花地玛圣母巡游，就是以这里为起点。这也是在东方小城的一个西方宗教色彩浓郁的活动。

像这样欧陆风格的建筑，在这一带举目皆是，像大堂、风顺堂、圣奥斯定堂等教堂，实在太多，难以一一细述，但坐落在南湾海滨的澳督府不能不提。早时，澳督被称为"兵头"，因而，澳督府也有"兵头行"之别称。澳督府原来是一位贵族的私宅，由土生葡人托马斯·阿基诺设计，建于1849年。这个建筑设计虽融合了欧亚建筑精华，但麻石墙基，拱形窗台，粉红色的墙壁衬着法式百叶窗，外观上还是洋溢着古朴的南欧情调。20世纪结束，末代澳督韦奇立神色凝重地看着葡萄牙国旗缓缓降下，澳督府就此成了历史遗迹，这一情景也载入了史册。

而仅有8间客房的五星级酒店——峰景酒店，也许是世界上规模最小的五星级酒店了。但它的妙处，顾名思义便能体味；这个建于1870年的酒店，最妙处就是客人在古朴典雅的欧式露台上，

第一章 中外交汇 东西合璧

在享用地中海式的美馔佳酿的同时,可静静地欣赏地中海般的风景。1999年,峰景酒店结业,其后被用作葡萄牙领事官邸,一直至今。同样,另外一座著名的酒店——圣地亚哥酒店,不能不感叹建筑师的诙谐和浪漫,建筑在16世纪的古炮台上,其白墙红瓦、葡式喷水和拱门,充满思古幽情的同时,也洋溢着浓郁的欧陆风情。

要说东方小城的欧陆小镇风情,建筑物是形似,而人们的生活是神似。特别是南湾、西望洋山一带的贵族区,路旁的楼房渐次疏落,少有的几家规模不大的餐厅,门外摆放桌椅,支起彩色的太阳伞,客人喝着咖啡奶茶,谈笑风生。有人在海边垂钓,时不时,也有几艘渔船货轮从稍远处的海上驶过,牵动一下人们的视线⋯⋯

有人说,这活脱脱就是地中海的味道,是典型的欧洲人生活方式的风情画面。

当然,这样的欧陆小镇风情并不是澳门的全部,这只是澳门极具特色的一个方面。传统中国社区仍是主流,像郑家大屋以及各个佛庙这样的中国传统建筑,也是澳门的美妙风景。你中有我、我中有你,西式东式,和睦共荣!唯其如此,才会有澳门独特之风韵。

葡式建筑，澳门的一道主风景

第一章 中外交汇 东西合璧

主教山圣堂，1935年澳门高若瑟主教改建。始建于1622年，是供奉圣母玛利亚的处所

澳门公园内，融汇了中葡风格的凉亭

图片出处：澳门特别行政区政府文化局澳门博物馆

氹仔"龙环葡韵",充满了葡式异国风情

圣老楞佐堂,又名风顺堂,明朝隆庆年间建,
是澳门最古老的三座教堂之一

第一章 —— 中外交汇 东西合璧

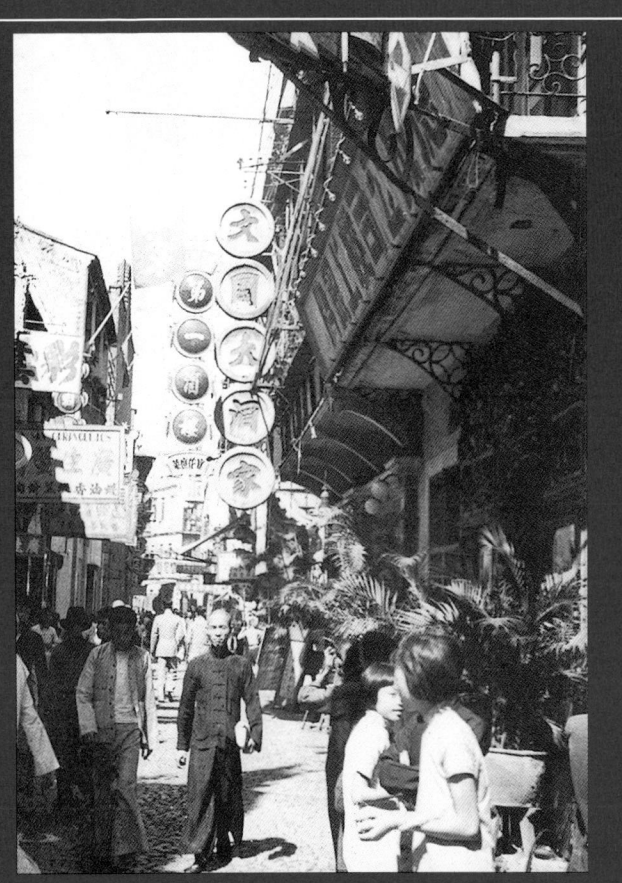

澳门的繁华市井

玫瑰堂——澳门最具代表性的巴洛克式教堂

第一章 中外交汇 东西合璧

19世纪80年代的澳葡总督府及侍卫亭

建于19世纪90年代的一处葡萄牙人的豪宅

圣地亚哥酒店内的耶稣瓷砖画像,供于酒店内圣雅各伯教堂

第一章 —— 中外交汇 东西合璧

仁慈堂，创立于1569年，现存建筑建于18世纪中叶

五、洋画国画绽奇葩

混血儿聪明漂亮,这是遗传基因优化的结果。老澳门特殊的人文背景,形成了利于优化的"混血氛围"——"混血人""混血事",一群群、一件件。在什么都喜欢和"文化"沾边,或者沾上"文化"边就有了身价的情形下,老澳门也就有了学者雅称之的"混血文化"。

"混血文化"在众多方面绽放出绚丽的奇葩,于绘画艺术上尤为突出。

中国传统的绘画艺术,于世界绘画史上,无疑是东方古老绘画艺术的象征。中国绘画艺术的发展进程中,西洋画的传入与中西绘画技法并蓄相长,是飞跃性的"混血"效果。而成就好事的,又是澳门也。

谈到中西方文化艺术交流,就不能不提到传教士;要说"复合型人才"的培养,当首推担负传播"上帝声音"重任的传教士们了。而这中间,利玛窦无愧为其中的佼佼者。

利玛窦是成功深入中国内地传教第一人。他成功的"法宝",就是"中西文化融合"论;而他作为将西洋画介绍到中国的第一人,就是"中西文化融合"论的最初实践者。当利玛窦远涉重洋,最初来到澳门时,随身携带的物品中,尽管都是精心挑选之物,但其时他也不一定会认识到,所带三幅西洋画之举,会在世界艺术史上留下重要的一笔——这是西洋画传入中国的开端,也是中西绘画技法交流之始。当时,肩负传教重任的利玛窦带了一幅天主像、两幅天主圣母像,其目的自是尽职尽责,弘扬教义,使"迷途的羔羊"们觉悟。

连利玛窦自己也没估计到,当他把这几幅画作为贡品呈献给明神宗时,不但万岁爷开了眼,当时一些在文化艺术上有影响的重量级人物如徐光启、姜绍闻、顾起元等都得以一睹新鲜。特别是顾起元,还和利玛窦就西洋画和传统的中国画进行了比较研讨,该是开了中西比较文化风气之先。顾起元看到画中天主圣母手抱婴儿,活灵活现,和现实中的活人一样,凹凸感觉明显,就问利玛窦:为什么会有这样的效果?利玛窦为了进入中国内地传教,在澳门时对中国传统文化刻苦攻读,不能不叹服他的悟性,短短

的一两年间,颇有收获。对于中国传统绘画的风格,他也一语中的:"中国画画阳不画阴,故看之人面躯正平,无凹凸相;吾国画兼阴阳写之,故有高下,而手臂皆轮圆耳。凡人之面正迎阳,则皆明而白;若侧立向明一边者白,其不向明一边者,眼、耳、鼻、口凹处,皆有暗相。吾国之写像者皆此法用之,故能使画像与生人无异也。"这一番中西画技的高论,深入浅出,对学画者颇有启迪。

西洋画立体感强,人物栩栩如生,这一特点得到了业中人士的肯定,也逐渐为中国画家所汲取,而且影响民间美术。乾隆十二年印刷的《西厢记》中的版画,即题"仿泰西笔意"(当时澳门画坊传授西洋油画,称为"泰西画法")。《红楼梦》第九十二回,说到冯紫英向贾府求售的《汉宫春晓》屏封面,也是吸收西洋技法而画出的中国画,别具一格,颇受欢迎。西洋画对传统中国绘画艺术的影响程度,可见一斑!

当然,这种影响也是双向的,中国传统画法对西洋画,也在这样的交流中产生了很大的影响力。这样的表现,策源地仍然是澳门。

中国最早的油画作品,当属保存在澳门圣若瑟修道院中的24幅表现宗教题材的作品。其中有一幅绘于1597年的《日本罗马教徒殉难图》，即是一段史实的形象记载，它描绘了16世纪末日本武士残暴杀害罗马教徒的情景：画中10多个教徒被活活钉在十字架上，场面悲壮。而从绘画艺术论，它的表现手法既有传统中国画的线描，又有西方绘画的重影，还兼有外光感，可谓中西绘画技法的成功结合。这也是现存中西结合最早的油画作品。

不说不知道，一说吓一跳。小小澳门，不光是东方的"蒙地卡罗"，也是中国油画的"摇篮"，还曾是世界各地画家钟情的"艺术之都"。

油画艺术，是绘画艺术中的"大雅"，不论缘由如何，小小澳门云集了世界各地的大画家，对于中西绘画艺术的交流和促进，积极意义是明显的。中国画家在此受到了西洋画的熏陶，西方画家同样也得到了东方艺术的启迪。欧洲现代绘画的先驱者中，不乏到澳门后，吸取了东方色彩和装饰风味，在融会中西后形成独特风格的画家。英国画家钱纳利被公认是远东最有影响的西洋画家，而他的成功，就立足于澳门这一神奇土壤。

为人潇洒的钱纳利因欠巨债，潜逃到澳门常住。钱纳利精于人物画像，为生计，他也为达官贵人画像，但更多的是画富有生气的平民生活：渔家姑娘手持竹帽坐在船头垂目相思，村民小商贩在街市内讨价还价或围在小桌上赌"番摊"的吵嚷，在他画中

栩栩如生，传之有神，闻之有声。

钱纳利的画弥足珍贵，不仅有较高的艺术价值，而且是已消逝的那个时期的澳门风土人情的永恒记录，是形象的历史记载；他的不少风光作品，以写实的风格，真切地反映了历史时光的某一片段。他在圣保禄大教堂失火前100天所画的全景图，已成为被焚的大教堂不可多得的写真史料。

老澳门特殊的人文背景，不仅成为西洋画东传中国内地的策源地，也有不少中国画家因战争等因素移居澳门，像张大千、高剑父、关山月等大师级画家，都曾在澳门逗留作画。特别是岭南派宗师高剑父1938年移居澳门后，办画展援助抗日，培养学生，使得中国画在澳门有了很大的影响力。中西绘画艺术在交流和竞争中相长，对澳门绘画艺术的发展贡献甚大。或者说，澳门因其特殊性，在特殊的时期，使得艺术家们有了难得的从事艺术交流的氛围和创作的环境，这也是老澳门对艺术的特殊贡献！

第一章 中外交汇 东西合璧

19世纪40年代,英国画家钱纳利笔下的玫瑰堂

059

19世纪30年代,英国画家钱纳利画了很多澳门街景

第一章 中外交汇 东西合璧

英国画家笔下的关闸

1622年6月24日，荷军1300多人分乘12艘战船入侵澳门时的海战图

钱纳利笔下的玫瑰堂前街景

第一章　中外交汇　东西合璧

各种画法的年画。西洋风格的"美人图"颇受市民的欢迎

六、种族的『大地之子』

    有东方人的清秀眉目，有西欧人的分明轮廓，或许还会有马来人、印度人的棕肤色；他们操着流利葡语谈天说地，也会用地道的粤语和当地商家、市民交流……

    在澳门街头，你不经意中就会碰到这样一张张没法从外形和语言来定论源自何处的脸！不要问他们从哪里来，他们也不知道故乡在何方！这就是澳门独特社会背景孕育而生的特殊人种群体——土生葡人的"尴尬"。

    土生葡人是一个极为复杂的人种学概念。这个"复杂"的"极为"在何处？主要还在于人们总有一种"寻根溯源"的嗜好使然，就像有文化的人给婴儿起名，必要讲究"出典"，不然，就显示不出他的文化品位来。土生葡人的"极为复杂"，就在于没法论"出典"。很多学者称澳门土生葡人是"没有祖国"的"大地之子",土生葡人则自嘲为"没有根的一代"!

其实,水有源,树有根,世间事总是有出处的。只是相对西方人而言,"根"之意识没有中国人那么炽烈。几百年数代人漂洋过海,在海外为生计奔波,加之错综复杂的婚配,又没有完整的族系资料记载籍贯,久之,也就连祖宗地在何处也无从查究了。

土生葡人的"复杂"根源就是一个,种族混杂程度世间罕见。土生葡人是澳门当地一个特有的群落,如果理解为就是葡人到澳门后,跟当地人通婚生育产生了这一"混血"群体,这就未免太简单化了。

澳门的土生葡人现象究根,其实就是葡萄牙人海外冒险的"果实"之一,是世界殖民史中的一个功过兼半的史实。

土生葡人,是世界范围内的人种大交流,这于优生学上有伟大的贡献。土生葡人群体中,数百年来,卓尔不群的风流人物层出不穷。

修读法律的宋玉生,现代最著名的"本地土生",曾任澳门立法会主席。为了澳门社会的重大利益,他总是以自己的卓识和人格魅力,以及特殊的血统,在不同的政策中谋求共识,成为社会各界尊崇的人物。在澳门新口岸,有两个新公园以文人命名,

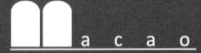

一个是"澳门王"何贤公园,另一个就是宋玉生公园。这是一个在寸土寸金的填海区占地2.1万平方米的人文公园,有音乐喷泉,各种造型、组合变化多端,一座小桥横跨喷泉,环境优雅。澳门政府将这么一片宝地中兴建的公园以宋玉生命名,其社会影响力和贡献足以想象!

土生葡人在澳门社会的各个领域,均不乏佼佼者,被澳门人誉为"澳门文化园地高高矗立着的一座里程碑"式的人物、土生葡人汉学家高美士,于中西方文化交流上的贡献,实在是令人仰止。清乾隆时,印任光和张汝霖合著的《澳门纪略》,是公推反映古时澳门社会的权威巨著。正是高美士先生,将这部最早由中国人自己的澳门史书译成葡文,介绍到了欧洲。他还编撰了一部《葡萄牙语—广东话词典》,为葡人学广东话、澳门人学葡语架起了沟通的无梁之"桥"。而他编撰的《澳门史略》,其史实的权威性得到充分肯定,成为澳门葡语学校的教科书。

还有一个让澳门土生葡人自豪的成就,在澳门历史上的"选美"活动和"澳门小姐"角逐中,土生葡人夺冠者多人。对这一现象,有人说,这是人类优秀的形体和智慧相结合的硕果。

说了大半天,究竟何为土生葡人?一般有四个基本界定条件:在澳门出生并以澳门为永久居留地,有葡萄牙血统,以葡语为日

第一章 中外交汇 东西合璧

常生活用语,自小加入天主教会。这些条件和在澳门的葡萄牙人表面上看没有多大区别,但有一点却是他们的"特殊"所在:有葡萄牙血统,也有中国或日本、印度、马来西亚等血统。

这种混血群体的出现,热情豪爽的葡萄牙小伙和美丽多情的中国姑娘在滨海小城的浪漫氛围中,有了爱情的结晶是一个因素,这也是这个特殊群体中的"善果";但并非是主流,更多的,还是殖民过程中结出的乏善可陈的"本能之果"。

葡人的航海历程,是人类历史上的冒险开拓壮举!这样的冒险历程,自是男子汉的事业。葡人到澳门后,在掠夺式的贸易中赚取了大把的金钱,可就是和女眷天各一方,这对一个个血性男儿,不能不说是一种煎熬。当然,连海天都敢"相连"的冒险家们,自不会安于寂寞,于是,几千名来自非洲、印度和马来西亚等不同种族的妇女,成了最初的葡人冒险家们泄欲的工具。原始的本能和原始的手段,便有了原始的产物——第一代土生葡人,便是在这样的背景下应运而生。

这一现象,大致持续到了 16 世纪末。当然,在后期,也有大量来澳门定居的中国妇女,成了葡国男儿婚育的选择。

有一个现象曾令史学家大为感慨,就是有不少葡人和日本人通婚的后裔,既不生活在葡萄牙,也不生活在日本,而是成了

澳门土生葡人。这实在又是日本历史上一段残酷史实的动态记录。从16世纪末到17世纪中叶，葡萄牙人和日本人贸易频繁，在日本经商的葡国人怎耐得了寂寞，就地和日本女子通婚者十有八九。可不久，日本政府对天主教徒残酷迫害，无数传教士和教徒被活活钉死在十字架上；在日本经商的葡人及家眷子女也被驱赶，这中间还有不少日本的天主教徒。回欧洲路途遥远，大部分人便来到了葡国在远东的基地——澳门。

同是天涯沦落人，又同是来自那留下血泪记忆的地方，葡人和日本人通婚，在当时的澳门风行。因此，这一时期的土生葡人，大多是辛酸的"飘零之果"。

目前在澳门约2万土生葡人中，葡人和中国人通婚的后裔居多，这又是一段悲壮史实。17世纪中叶，清军入关，众多汉人不愿屈居清廷统治，就移居澳门，中葡通婚有了充裕"资源"。虽然这部分来澳门的人中多为大男子主义者，但这主要还是表现在男子汉的尊严上。中国人重男轻女，血统重在父方，男子称外国妇女为"鬼妹"，是绝对不愿娶外国妇女为妻的。当然，当时澳门也是"鬼佬"多、"鬼妹"少。而女子则不然了，"嫁鸡随鸡，嫁狗随狗"，中国女子历来"不值钱"，除了大户人家的小姐，一般人都不会在意女儿嫁的是哪国人，特别是当时葡人大多是经商者,很有钱,嫁个有钱佬,总比在家挨饿好!这样的情形持续,便构成了澳门土生葡人异族血统的主流了!

土生葡人尽管与葡萄牙人十分相似,有土生葡人诗人这般自述:"我身上有来自贾梅士的优秀,和一个葡国人的瑕疵。"但又有差异,"而某些场合,又是一套儒家的思想"。他们除了通葡语和粤语外,还使用自己独特的"澳门语";在饮食上既有源于古葡萄牙和印度、马来西亚食谱中的食品,亦有中国食品;在服饰上,虽然穿着以欧洲服饰为主,但那种近似于欧洲服饰的土生服饰,依然带有印度、马来西亚妇女,甚至中国唐装影响的痕迹;在文化娱乐上,既有中国文化的影响,更有印度、马来西亚文化的影响……

正是这种不纯粹性,在历史上,虽然他们是与澳门一直共进退的,他们也曾在葡萄牙的殖民战争中流血献身,但在澳葡政治中,还是备受歧视的:1689年,葡国政府曾规定,澳门官员必须是老的天主教徒,必须具有葡萄牙国籍和血统。1840年以后,多数澳葡政府官员都是从里斯本派来的,土生葡人在政治上的发展机会随之被剥夺。

为了争取权益,土生葡人在历史上也有积极的动作,最有影响的当属1822年的"民主运动"——当时,他们提出了任用土生葡人在当地军政机构中任职的要求。"民主运动"虽没有预期的"民主"结果，但对土生葡人的权益还是有了影响，以后的岁月中，也有无数土生葡人进入了政府部门，大多是基层的公务人员。

由于长期以来葡语是澳门唯一法定的官方语言，精通葡语又熟悉澳门社会的优势，使得土生葡人以"不多的人数，特殊的地位，颇大的能量"，在澳门社会生存、发展，在澳葡政府中的能量逐渐见长。这也逐步强化了他们对葡萄牙的依附心理，有着在政治上、经济上、心理上都处于比一般华人优越的地位，一直与华人泾渭分明，无法或者说是不愿意交融于华人社会。

"澳门，你将走向何方？明日你将变成什么样？你已不再属于葡萄牙，也不太像中国……可澳门属于中国，MACAU 却来自葡萄牙语；但是此刻，我的故乡，我将把双脚置于何方？"一位土生葡人诗人在澳门回归前写的诗，便真切地反映了独特环境形成的澳门土生葡人在回归前的特殊心态。

所幸，他们的这份担忧，在"一国两制"得到切实贯彻后便不复存在。澳门知名度颇高的土生葡人律师欧安利在一次高层座谈会上的由衷之言，便反映了这种心态的转变："我们中的很多人出生于澳门，在成长期间的一段长时期里，中国当时好像遥不可及。自20世纪70年代末期起，随着中国开放，特别是中葡两国关于澳门问题的联合声明签署后,我们与大中华连上了感情。我们是澳门45万居民中的一分子,对本身的祖先感到自豪。在政治、历史和社会方面,我们这个很小的社群正配合新的形势,摆脱过去,这个过去的特征在于依附葡萄牙行政当局。这个社群的主要特点是真正热爱此地,愿意继续生活于澳门。"

言为心声,数百年来自称为"无根的一代",终于感受到了在澳门难舍的那份故土情,那扎实的、难以拔除的"根"!

欢迎澳督巴波沙的巡游会

第一章 中外交汇 东西合璧

穿着时新旗袍的女子

第一章 中外交汇 东西合璧

过街的婚轿

土生葡人的一张合影

着凤冠霞帔的外籍女人

第一章 中外交汇 东西合璧

"番鬼婆"着凤冠裙褂笑逐颜开

头戴卜帽、身穿马褂的幼童

第一章　中外交汇　东西合璧

街头的印籍交通警察

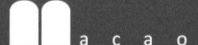

几名混血儿童站在闹市前,目不转睛地看着金鱼摊

酒家前华美的装饰和中、葡文广告牌,用来吸引食客

澳门居民大巡游欢迎巴波沙1937年第三次出任澳督

第二章 独特环境 荟萃名士

一、孙中山走向世界的通道

澳门，在世界历史史册中，实在有太多的内容可入，这是它独特的人文背景和地理环境，使得这里形成了极具探索和创举的"氛围"。民主革命的先行者孙中山先生的伟大革命实践，从这里走向世界，在这里进行早期的活动，这一"氛围"当是缘由之一。澳门博物馆有一段介绍孙中山先生的文字称：澳门，是孙中山走向世界的"通道"！这是很贴切的。

在孙中山先生的强国梦中，革新和开放是其主要的思想，而这思想的最初影响，应该就是其小时候在澳门的生活。1866年11月12日，广东香山县五桂山下的一个小山村翠亨村，一个普通农家院落传出的一声婴儿啼哭，甚是响亮。当时谁也不会想到，这一不同凡响的声音、这一声婴儿的啼哭,将会改写中国的历史。这就是孙中山,幼名帝象。

翠亨和澳门,当时同属香山县,两地相距10多公里的路程,当时乘船也就是半天即可到达。孙中山的父亲孙达成,年轻时就在澳门做过裁缝,后来在板樟堂街一家葡人开的鞋店里做工,前后在澳门生活了近15年。孙达成常带年少的孙中山去澳门,给他讲澳门的见闻,谈及殖民者在澳门的霸道和野心,就充满了义愤,这对幼小的孙中山影响很大。同时,西方文明与东方文明交汇时撞出的火花,对有着色彩斑斓梦想的少年孙中山来讲,其影响力是不言而喻的。

因而,当1878年,孙中山身着长衫,头梳长辫,戴着瓜皮小帽,在澳门码头登上英国的"格兰诺曲"号邮轮,远渡重洋赴美国檀香山,迈出了人生中走向世界的重要一步,虽然有地缘的偶然性,但亦有澳门本身是"世界通道"的人文地理因素使然。孙中山在后来和友人谈及远行感触时有这样的描述:"始见轮舟之奇,沧海之阔,自是在慕西学之心,穷天地之想。"这种"慕西学之心,穷天地之想",我以为不会突发于"始见轮舟之奇",而应是自小见同胞饱尝殖民者欺凌使然。

孙中山由国外返来,因与陆皓东等反对封建迷信,损毁了村

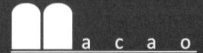

庙的塑像，遭到村里老人的发难，只好再经澳门到香港求学。在港求学期间，澳门更是他往来香港和家乡的必经之处和居留地。有学者认为，这期间，孙中山和志同道合者，经常在澳门水坑尾巷14号同乡杨鹤龄的家中谈论时势，这对孙中山革命思想的形成影响很大。参与畅谈的杨鹤龄、尢列、陈少白，都是血气方刚，救国心切，无所忌讳，大胆针砭时弊，公开提出"勿敬寇朝廷"，被人们称为"四大寇"。他们后来都成了早期资产阶级革命家，更说明这种环境下的这种交往的特殊意义。

孙中山在《建国方略》一书中，就有专门忆及"四大寇"的章节："数年之间，每于学课余暇，皆致力革命党之鼓吹，常往来于香港、澳门之间，大放厥词，无所忌讳，时为而附和者，在香港只陈少白、尢列、杨鹤龄三人；而上海归客，则陆皓东已。在其他，闻吾言者，不以为大逆不道而避之，则以为中风病狂翔实也……"孙中山其时之无所忌讳，从高唱的《不得了歌》中足可证之："这世界，不得了！穷的穷得不得了！富的富得不得了！不造反，不得了！"

这期间，孙中山还在研究古今中外历史和经济科学的基础上，思索社会革新问题，提出改革中国社会的建议。而这样的研究和建议的提出，澳门的环境优势又为他提供了有利的条件。他的《致郑藻如书》，就是发表于澳门的报纸上，这是孙中山最早期的政

第二章 独特环境 荟萃名士

治作品之一。而他有关改良农业的建议书《农功》，能被郑观应收入《盛世危言》这一著作中，也是和他在澳门跟郑观应有较多的交往分不开的。因为就当时的实情论，孙中山和郑观应，一个是初出茅庐的后生，一个是名倾朝野的宿儒，地位悬殊。而这样的经历，对孙中山后来全身心地投入革命洪流之中，成为职业革命家，积极意义是不言而喻的。

孙中山在澳门镜湖医院行医，是澳门首位华人西医，还留下了众多佳话。1894年1月，广州的《中西日报》上刊登了一则轰动羊城和澳门的广告：本局敬请医生孙君逸仙来省济世，旧岁底因事返澳度年，今已由澳回省，谨择于月之初十日开办。所有赠医出轿规定，一律如前，每日10点钟至12点钟在局赠诊，不受分文，以惠贫乏……先生素以济人利物为心，若有意外与难产、服毒等症，报明危急，无论贫富俱可立时邀致，设法施救。幸观望，以免贻误。东西药局谨启。

孙中山在这里行医的同时，积极进行革命活动，他与好友陆皓东等人策划革命，使澳门成为革命志士最早活动的"根据地"之一。他还与土生葡人飞南弟合作创办了一份中、葡两种文版的《镜海丛报》，针砭时弊，探讨时政，倡导强国富民之策，成为近代中国最早的与资产阶级革命派有关的报刊。无论是孙中山先生进步思想的孕育，还是他早期的革命实践，乃至他革命生涯中的起伏，如1895年他领导广州第一次起义失败后避难国外，都和澳门发生了甚为密切的关联。这是与澳门因其地理位置优势和历史渊源，从16世纪初创时就开始"中外合作"，从荒岛发展为繁华的国际化都市，是来自五湖四海、不同文化、不同民族人士接触和交往最活跃的地方，也是一个文化内涵丰富的地方等特色效应分不开的。

可以这么说，孙中山从这里走向世界，并非俱是地缘之巧合。

第二章　独特环境　荟萃名士

20 世纪初的南湾
图片出处：澳门特别行政区政府文化局澳门博物馆

澳门镜湖医院旧貌

1913年的孙中山

第二章 独特环境 荟萃名士

这时的孙中山,正在澳门镜湖医院担任义务医席,为贫穷患者免费施医

广东香山县翠亨村,这是孙中山的诞生地

孙中山在澳门行医时用过的桌椅

孙中山与友人在澳门时的合影。左起：杨鹤龄、孙中山、陈少白、关心焉、尤列

《镜海丛报》介绍孙中山在澳门行医的情况

澳门镜湖医院旧貌

第二章 独特环境 荟萃名士

二、郑观应著《盛世危言》

在澳门下环的一条极窄小弯曲的街巷内,澳门本地的一位司机也好不容易才问到地方,把我们送到了一座古朴的深宅大院外,这便是中国近代史上警世醒时、震动朝野的政论专集《盛世危言》的诞生地郑家大屋。郑家大屋高大厚实的院墙、飞檐斗角的结构、幽深次第的庭院,仍可寻觅到昔日豪宅的气势和其中发生过重大著述活动的凝重。

《盛世危言》的编著者郑观应,史书中对他的评价文字,着实让人刮目:是清末洋务运动中涌现出来的一位爱国志士,是近代中国传播新思想的先驱之一,揭开了中国民主和科学的序幕,也是最早在澳门活动的维新人士。史书惜墨如金,这么长长的文

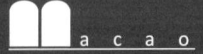

句于他实在是名副其实。

郑观应，1842年7月24日生于香山县雍陌乡，雍陌和澳门近在咫尺。郑观应出身商人家庭，自己也长期经商做买办，但他一生多有爱国义举，著述甚丰，并且于政治、经济、文化等方面都有令人称道的见解，这与他年轻时的两个生活周期的见闻感受是分不开的。

郑观应的父亲郑文瑞长期在澳门私塾教书，郑观应少年时就随父在澳门生活，目睹了葡萄牙殖民者与不法外商狼狈为奸，在澳门走私鸦片，从事苦力贸易（俗称"卖猪仔"），经营博彩业等牟取暴利，而民众则深受其害，苦不堪言。耳濡目染殖民统治下的不平和中国民众的惨状，使他从小就立下寻求强国富民之策的宏愿。

及长，他到上海学习经商，正是第二次鸦片战争期间，目睹时局，清朝腐败无能，国家任列强侵袭，更使他意识到了民族危机和责任。他不但著述了探讨救国方略的《救时揭要》《易言》等初步体现其维新思想的政论，还写了多篇以自身在澳门生活时的感悟文章，如《澳门猪仔论》《澳门窝匪论》等，揭露了殖民者利用澳门为据点，从事损害我国民众和国家尊严的勾当，表达了他对殖民统治者的仇恨以及对清政府的不满。

他在上海《申报》发表的一系列政论文章，对澳门时弊揭露的胆识和内容事实，引起了社会的广泛关注。对澳门的苦力贸易，"世居澳门，素知底蕴"的郑观应揭露道："获利极厚，每名归西洋国税洋1元，归澳门议事亭番官使费2元。"当时，沦为华工卖苦力者又称"猪仔"，"贱同蚂蚁，命如草营"。郑观应愤而疾呼："人命至重，此事不伤天地之祥和乎！户口至重，此事不绝男女之孳息乎！华夏至重，此事不失中朝体统乎！"他提出："即使澳门一隅，实系西人管辖其地，亦当设法禁止。盖万国律法，未有不衷乎义，循乎理者，以理折之，亦当无辞以对，则其禁止亦不难也。"这样直截了当地提出禁止贩人为奴，郑观应当是第一人。郑观应还著文道："盗贼之炽，奸宄之多，余足迹半天下，从未见澳门之甚者也。"实打实地将澳门社会当时的罪恶大白于国人面前，反映出他的忧国忧民意识。从这悲怆的呐喊声中，足可证明，他的改良主义思想也是在澳门萌生的。

中法战争爆发后，郑观应受两广总督张树声的派遣，从澳门前往香港，利用他的老关系与港英当局交涉，追回了被港英当局扣压的中国从德国购买的25尊大炮，有力地支持了抗法战争。他还自告奋勇前往越南、泰国、新加坡等地，联合东南亚国家和华侨，共同抗击法国帝国主义的侵略。

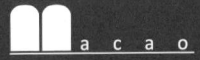

　　1885年，郑观应前往汕头等地筹备援台事宜，途经香港时被港英当局拘禁关押近一年。名义是郑观应向太古公司作保推荐的同乡杨桂轩，亏欠太古公司公款而逃跑了。太古公司便通过港英当局，将作保的郑观应扣压来追索款项。但真正的缘由，却是郑观应的抗法义举，触怒了法英帝国主义。郑观应遭香港当局拘禁期间，又闻清朝和法国签订丧权辱国的"和约"，气愤难平，出狱后隐居澳门休养。这时的郑观应虽贫病交加，怀才不遇，但仍抱着"勿为外人所侮"的民族自尊心，日思国家之出路、民族振兴之方略，着手编著《盛世危言》。其间同时进行修撰的还有另一著作《中外卫生要旨》。

　　郑观应在著述期间，和正在澳门镜湖医院悬壶济世的孙中山相识后志趣甚投，成了忘年交。《盛世危言》还收录了孙中山的《农功》和《商战》两篇文章。1894年，孙中山上书李鸿章，提出救国办实业的主张，并打算出国留学。郑观应便写信给盛宣怀，请他帮助推荐："（孙逸仙）留心西学，有志农桑生植之要术，欲游历法国，讲求养蚕之法；及游历西北各省，履勘荒旷之区，招人开垦，免致华工受困于外洋。其志不可谓不高……兹欲北游津门，上书傅相，一白其胸中素蕴。"郑观应对孙中山的赏识可见一斑。

　　孙中山上书虽未获李鸿章重视，但其还是为孙中山办理了出

第二章 独特环境 荟萃名士

国护照。孙中山在这过程中感受到了救国寄希望于官僚的渺茫，便来到了檀香山，创建兴中会，从此投身民主革命的伟业之中，成为世纪伟人。郑观应对其的影响和帮助功不可没。

《盛世危言》提倡改革政治，提议设议院，通民情，求"长治久安之道"，倡导君主立宪与知识分子参政，并严厉批评丧权辱国的外交政策，主张"攘外"为救国之要素，把建立宪法当作达到富强的政治保证。郑观应积平生之阅历认识到，富强方能救国，要攘外，主要靠商业上要打胜仗，要以兵战对兵战，以商战对商战。书中对清政府只重实业，不重政治、军事提出尖锐的批评，并把科学和民主有机地联系起来："余平日查西人立国之本，体用兼备。育才于书院，论政于议院，君民一体，上下同心……中国遗其体效其用，所以事多扞格，难臻富强，故力论中外盛衰治乱之道，国家求富强之法。"

《盛世危言》五卷本一经问世，有震天动地之反响。清光绪帝读后下达圣旨："饬总署刷印二千部，分送臣工阅看。"到1900年，郑观应根据时局变迁，增订新编八卷本。至1908年，又编辑成《盛世危言后编》，共分装成 16 册。

这部对维新变法运动及中国民主革命都产生过巨大影响的巨著，是郑观应集大半生之阅历、数十年在澳隐修思考而成。它诞

生在澳门,自是澳门历史上的亮点之一。而郑观应当年孜孜以求的富民强国之愿逐渐成为现实,特别是澳门摆脱殖民统治成为现实,重拾这一史实,其意非一般也。澳门特区政府成立后,投巨资修复郑家大屋,使澳门又多了一处先贤圣迹的缅怀处,意义也在个中也!

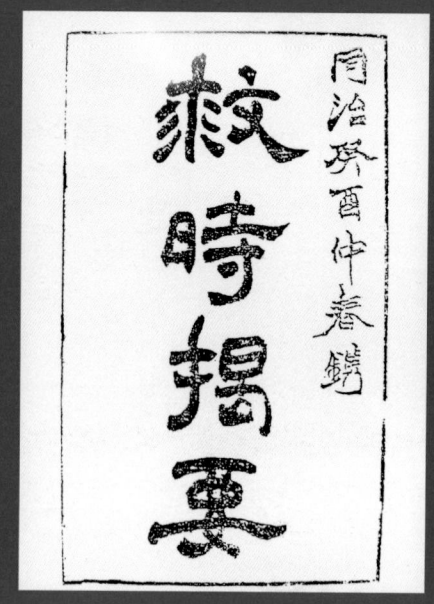

郑观应探讨救国方略的专著《救时揭要》

第二章 独特环境 荟萃名士

郑观应给盛宣怀的手札

南湾街 41 号，同盟会澳门分会旧址

第二章 独特环境 荟萃名士

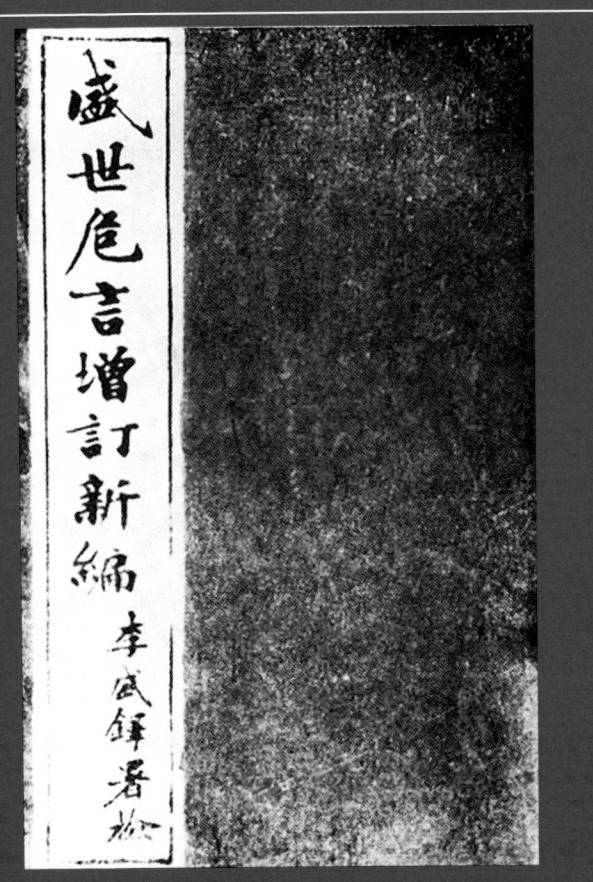

《盛世危言》增订后的封面

郑观应

《易言》反映了郑观应的改良思想

第二章 独特环境 荟萃名士

《盛世危言》初版扉页

三、康梁维新与新潮媒体
——《知新报》

"戊戌维新"最终是以失败告终，但"戊戌维新"在中国历史上的影响是不容低估的。在殖民地澳门，它同样起到了积极的作用。

维新在澳门的影响，谈人，首推维新旗手康有为和中坚人物梁启超；谈事，自然是新潮媒体《知新报》了。

熟悉中国近代史的人都知道，康有为和梁启超都是广东人，两人是师生加战友的关系。说起两人的师生关系的建立，也是文人间的一段佳话呢！

在清末，中国进步的知识分子都尊康有为为思想领袖，这并非是时髦和盲从。康有为1858年生于广州附近的南海县一个世代

第二章 独特环境 荟萃名士

簪缨之家，年轻时常到港澳。他考察了港澳在英、葡治理下的大变化，得出一个结论："西人治国有法度，不得以古旧之夷狄视之。"年轻时就有了接纳西方新思想的进步意识。他从香港、澳门等地买回大量西方书籍，刻苦学习，较全面地了解了西方思潮，并在推广新思想的过程中名震九州。他在羊城万木草堂讲学，问津者络绎不绝。

梁启超1873年出生在离澳门不远的侨乡新会县。史书褒扬历史人物，总说是天生和常人有异；说梁启超自小就聪慧过人，可是有实打实让人信服的例子：他12岁考秀才，17岁中举人。他的婚姻就颇能证明他的才气——考举人时，当时的主考官为他才华所叹服，就主动把堂妹嫁给了他。既得功名，又得美人，"一考双得"。

俗话说，初生牛犊不怕虎。面对康有为的盛名，少年才子梁启超颇为不服，就专门到康有为在羊城讲学的万木草堂，欲一论高下。怎知一睹康有为，未及三两论，他就深深地为康有为的风采和才华折服了——康有为声若洪钟，三言两语就把梁启超所发之"难"悉数回敬……

在如此圣明者前，梁启超不禁为自己的狂妄而羞愧，思考再三，便投身康有为门下，和徐勤等一起问津于万木草堂。

105

这一对不"打"不相识的师徒，日后都成了维新派的旗手。他们发动"公车上书"，组织强学会、圣学会，在上海创办《时务报》……这些举动都如石击水，在沉沉的封建古国，激起清新浪花，一浪高过一浪。

1896年，康有为来到澳门。这是对澳门社会将产生重要影响的行程。当时，热心维新的刘桢麟、何廷光热情相迎，交谈中，康有为的睿智和博学，更是令他们推崇备至。他们认为，澳门虽然是中西方文化的交汇点，但在维新上落伍于上海了，要想迎头赶上，很有必要创办一份类似上海《时务报》这样的新潮媒体。

在南方创办报纸，宣传维新变法主张，也是康有为正在考虑的。而在澳门办报，可免受广东官府的干扰，也利于向海外传播。大家的想法很一致，康有为一倡议，他在澳门的弟子何光、徐勤、何树龄等倾力参与，很快筹得1万多银圆的创办基金。康有为还让弟弟康广仁留在澳门参与创办。

股东们提出，这个报纸要想创办即兴旺，非梁启超来主编不可。当时梁启超受康有为之命在上海主编《强学报》《时务报》，不断推出精湛妙文阐述维新主张，堪称妙笔生花，名满九州，人说"上自通都大邑，下至僻壤穷陬，无不知新会梁氏者"。

恰巧这时，梁启超回新会老家探亲，何廷光等就请梁启超到澳门共议此举。创办报纸推动维新,梁启超自觉义不容辞。在他的倾力支持下,这家名为《知新报》的新潮媒体于1897年2月22日在澳门大井头4号正式创刊。

《知新报》是在康有为直接领导下创办的,主要撰稿者梁启超、徐勤、吴恒炜等都是他的弟子,都富有激进思想。报纸激烈地宣传变法图强,推介国内外时政和新科学新思想,澳门居民耳目为之一新,维新事很快呈方兴未艾之势。梁启超、谭嗣同在上海成立"不缠足总会",澳门维新人士张寿波、何廷光等也成立了"澳门不缠足会",还制定了较易实行的《澳门不缠足会别籍章程》,规定会中8岁以下女儿一律不许缠足,要娶会外的缠足女子,必须向会中声明,凡会中人不得与曾经犯例者通婚等。一发动,很快就有100多人申请入会。维新人士在日本创办"戒鸦片烟总会",澳门的维新人士张寿波、何廷光等紧随其后,发起成立"澳门戒鸦片烟分会",很快又有30多人参与。他们在《知新报》上宣传鸦片之害,号召人们下大决心戒除恶习,致力消灭鸦片贸易。这在黑恶势力插足、烟馆随处都是的澳门,其勇气实在可敬。以后经几代人的努力,澳葡政府终于在1946年制定《禁烟条例》,澳门烟馆逐渐式微。

1898年9月,包括《知新报》经理康广仁在内的维新六君子

惨遭杀害,戊戌变法失败;随后,清政府又下令内地维新报馆一概关闭。

消息传到澳门,何廷光等澳门维新人士在极为愤慨的同时,也表现了无畏气概,堪令人敬。他们一方面冒险保护逃来澳门的康、梁等维新派要员的家人,一方面借助澳门特殊的环境优势,继续出版《知新报》。尤为难得的是,《知新报》的"面色"不但未为血雨腥风所惧,文章的言辞反更为大胆尖锐,而且以"铁香书室来稿"为栏,勇敢地刊登了反映康有为推介变法思想的奏折、文章、书信等,入木三分地揭露了清政府的腐朽。《知新报》所到之处,洛阳纸贵,人们争相传阅,并都为该报的傲骨所折服。清政府中的顽固派虽恨之入骨,但难插手澳门事务,也因在洋人面前向来自矮三分,也就奈何不得了。

变法失败,康有为和梁启超逃到海外,但未能与时俱进,维新派成了落伍的保皇党,澳门的维新人士也都成了保皇会的会员。虽然在鼎新革故上,《知新报》和何廷光等还是有很多义举,但也有笑柄留史。光绪皇帝的30岁生日,根据康有为的指示,澳门保皇分会组织了场面蔚为壮观的"祝圣寿"活动,行三跪九叩礼,遥祝皇上万寿无疆,还在活动仪式上朗诵康有为专门写的祝寿诗:"海外初瞻寿域开,龙旗披拂白楼台。白人碰盏掎裳至,黄种燃

第二章 独特环境 荟萃名士

灯夹巷来。上帝与龄怜下土，小臣泣拜倒蒿莱。遥从文岛瞻群岛，波绕瀛台梦几回。"忠皇之情可谓溢于言表。澳门保皇分会"祝圣寿"的闹剧，《知新报》有报道称：光绪皇帝三旬"万寿日"，澳门爆竹声竟日不绝，镜湖医院众绅商衣冠整肃，望阙输诚，车水马龙，欢声雷动……

从中，也就不难知道维新活动最后以失败告终之缘由了。但康、梁等维新人士在澳门的活动，不仅给中国社会政治以如潮拍岸之撼，在开启民智、兴教倡良等方面，积极作用当予肯定。而澳门的特殊环境在个中的特殊作用，也是明了的。

澳门一角旧貌

江门新会环城镇茶坑村梁启超故居

康有为

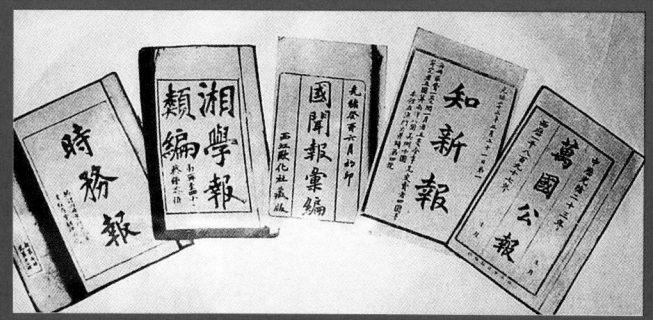

戊戌变法时期,维新派创办了一系列的报刊宣传维新思想

南海丹灶镇银河乡苏村康有为故居

第二章 独特环境 荟萃名士

白鸽巢由义巷11号，同盟会在澳门的通信联络点

四、民间传颂的"澳门王"

　　澳门回归中国，何厚铧脱颖而出，成为世人瞩目的首任澳门特区行政长官。

　　何厚铧的父亲何贤，曾被民间传颂为"澳门王"。何贤何以能如此得市民尊崇呢？这和他充满传奇色彩的人生不无关系。1908年出生在广东番禺乡下岳溪村的何贤，14岁就离家到广州沙基一间上海人开办的穗兴祥店做杂工，在穗、港、澳打拼了几十年，终成为澳门金融巨头。他的打拼经历跌宕坎坷，颇为感人。但澳门市民敬他为"澳门王"，并不因为他家财万贯，而是他在澳门复杂的社会环境中仗义行侠的一个个充满神奇色彩的故事。20世纪，有过五次影响整个澳门社会的大风波，均由何贤挺身而出，一一摆平。替人排忧、替人解难、替人除祸——何贤以没有第二人所能及的影响力，被誉为心有普罗大众的"华人澳督""影

第二章 独特环境 荟萃名士

子内阁"。

澳门由于葡国在二战时是中立国,也就免遭战乱,成为太平洋战火中的一个"孤岛"。然而,澳葡当局被指责对日本特务保护不力,日本驻港总督矶谷廉介一怒之下,下令将澳门的水陆运输封锁了起来。澳门的生活之资,一向都是靠输入的,加上时值隆冬,粮食、副食品和御寒衣服等生活必需品断了档,澳门居民无疑等死。当时,菜价、米价见天数十倍地涨,饿死、冻死者不计其数。

由于日本特务拒绝和澳葡政府的官员交涉,何贤、高可宁、傅老榕、梁后源四人挺身而出,去和日本特务交涉。何贤以超人的机智和胆识,和日本特务进行论理。他说:"继续封锁,40多万人的生存就是危机,澳门社会不可收拾,这样的局面出现,对日本人未必有好处。"不软不硬的话刺中要害,日本人终于解除了封锁。

何贤的这一义举,使澳葡政府对他另眼相看,在澳门市民中更是行侠义举,广为传颂。

第二个风波还是祸起日本特务。当时驻澳门的日本特务机关头子黄公杰,在东亚酒店长期包房办公。黄公杰虽是澳门人,却仰仗主子的势力作威作福,连葡警也不放在眼里。有一次,他的

手下因为和葡警争三轮车,就寻衅打了葡警。葡警被打的惨叫声惊动了在附近执勤的伙伴,赶忙招呼一大帮人前来。

日本特务的横行霸道,早已让葡警愤恨在胸。此事如导火线,一下子把心头压抑的火点燃了,被激起公愤的葡警包围了东亚酒店。而一向霸道惯的日本特务岂甘示弱,黄公杰也调来了几十个特务,双方枪口对枪口,形成了对阵之势。

如果真的开战火拼,到头来又是百姓受难。澳门政府派经济局长罗保博士去调解此事。罗保博士身为高官,又富甲一方,是一跺脚整个澳门大街都会颤动的人物。但连他自己做梦也不会想到,日本特务连酒店门都不让进。

罗保虽恨得七窍生烟,却也无奈,就想到了何贤,只好再请"贤哥"出马。为了澳门的安危,何贤不顾个人安危,又赶到了东亚酒店。黄公杰对何贤上次调解封锁事表现的胆识也很佩服,便接受他出面调解。何贤对双方申明利害,加之何贤的面子,各方就趁势下台,澳门居民又免了一场灾祸……

而令澳门市民敬重的,还是何贤重信讲义的性格。澳门中山同乡联谊会副会长,也是何氏父子曾先后长期任会长的澳门绿波游泳会常务副会长徐东海,和何贤相交半个多世纪,曾多次目睹这位"侠士"在危难关头大义凛然、显现英雄气概的情景。当追

第二章 独特环境 荟萃名士

忆往事时,他的崇敬之情仍溢于言表。

1954年,徐东海在澳门工人联合总会的领导下,参与创建澳门华人游泳总会。为了活跃地方的文体活动,推动工人的体育锻炼,该会举办了全澳游泳比赛,并邀请何贤致开幕辞。何贤虽是富甲一方的大金融家,在澳门地区有举足轻重影响力的社会上层显要,但他同时也是一位市民心目中可亲近的"贤哥",只要是普罗大众的公益事,他总是积极参加。他欣然应邀出席致辞。

由于他旗帜鲜明地表明态度拥护新中国,和当时在澳门十分猖狂的国民党特务、一些黑社会产生了过节。就在比赛开幕前,何贤拥有主要股份并且是他经常出入的大丰银行、大丰货仓、康乐俱乐部楼梯口等四个地方,都发生了炸弹爆炸事件。

在这样目标明显的恐怖气氛中,大家都为"贤哥"的安危担忧,也都以为他不会出席这样一个人多又杂的活动了。

可就在原定的开幕式举行的晚上8点整,何贤准时到了。面对恐怖,他神情坦然自若,毫不迟疑地登台致辞。他在致辞时,痛斥特务黑帮的恶行,称这是搞乱社会治安的卑劣行为,并大义凛然地说:"我的做事原则,决不会因惧怕你们这样的恐怖活动而改变。有本事你们不用鬼鬼祟祟的,尽管放马过来,我何某人奉陪到底!"

何贤侠义，徐东海亲历的一件事更能说明。由于种种原因，何贤得罪了一些黑道中人。有一次，他从跑狗场出来，坐车时遭到了暗算，有人偷偷在他车上放了炸弹，何贤被炸弹炸伤了膝盖。徐东海闻讯去探他，他说："没关系，炸伤少少，这不过是给我点颜色看看而已。"

　　没多少天，何贤便找到了放炸弹的人。在何贤的写字楼，这人心里想，这次不是死也得脱层皮了。可想不到的是，何贤和颜悦色地对他说："细佬（小兄弟），这事我知道不关你事，你后边有人。问三餐（赚钱），年轻轻的路很多，以后不要干这种事了，不会有好下场的，改行做生意啦！"说完，拉开抽屉取出一叠钱给了此人："这些钱你拿去做本钱，不要再和那些人混了！"

　　当这名打手离开时，何贤突然又想起了什么，从门外把他叫了回来，对他说："以后要是生意做不好，可再来找我，千万不要再干那些事了。"这人闻之，实在是感激涕零。何贤的宽宏大量，也着实令人不由得不敬。

　　何贤是社会贤达，澳葡当局对他十分看重，这层关系对他的生意自然也很有用。但牵涉同胞的权益，何贤总是勇敢地站出来，全然不顾个人安危、利益。

　　1966年，澳门氹仔街坊会因建学校而遭到澳葡政府阻拦，澳

第二章 独特环境 荟萃名士

葡警察殴打建校工人,激起民愤,各界人士开大会愤怒声讨暴行,并到澳督府游行示威。澳葡当局实施戒严,冲突期间有军警开枪,至8人死亡,200多人受伤。流血事件令澳门同胞无比愤慨,也激发了广大市民维护权益的斗志。各界人士组织成立了反葡斗争委员会,德高望重的何贤被推为主任委员,和13位代表一起,出面和澳葡当局交涉,为民申冤。这就是澳门著名的"一二·三"事件。

此事影响很大,各种文献中多有反映,但何贤在事件中的一个感人肺腑的情节,却鲜为人知。

那日,徐东海去东亚酒店,路过中国药品商行,商行老板叶子如一见他便急呼道:"东海、东海,你过来一下,给你说个事。"徐东海走到跟前,叶子如就问他:"你知不知道,昨天贤哥接到一封电报,是边看边流泪。后来,还振臂高呼'我誓与澳门同胞共存亡!'"

何贤为何有如此激动之举呢?徐东海来到何贤的办公室,知情人告诉他,电报是中国政府有关部门发来的,内容是"速与家人返穗"。这显然是中国政府有关部门考虑到何贤的安全而采取的措施。因为其时,斗争十分严峻,形势发展实难预料。

何贤深为中国政府对他的关心所感动,但临危而退不是他的性格。在他的带领下，经过艰难的斗争，澳葡当局终于屈服，澳门总督亲自到中华总商会道歉，并接受了"反动势力不能在澳门公开活动，青天白日旗不能在澳门公开悬挂"等内容的13条要求。

　　澳门的公益设施，有不少是以人名命名，这是对为社会贡献卓著者的一种尊敬形式。在澳门新口岸，有一个精巧的园林，就是何贤公园！那里绿树成阴，空气清新；公园永远惠泽大众的同时，也在默默地传颂这位并不久远的"澳门王"的传奇人生。

第二章 独特环境 荟萃名士

1948年,何贤为了纪念其母,将南湾花园的八角亭捐出,作为中华总商会开办"阅书报室"

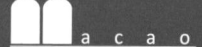

左边的建筑就是东亚酒店

第二章 独特环境 荟萃名士

五、英名流芳的独眼诗人

在葡萄牙,决不会有人不知道贾梅士,就如在中国你不可能不知道屈原、李白。"今天贾梅士的名字,在世界诗歌的星空中闪耀,虽然他在穷困中死去,却给整个葡萄牙留下一笔丰富的遗产。他的语言清纯无比、动人心弦。他的著作令葡萄牙民族无比自豪。他的遗产是宝库,价值无比。"葡萄牙人若泽·费雷兰对贾梅士的赞美,决不是少数爱好诗歌的文人的情感,因为,6月10日,贾梅士的逝世日,葡国政府把它定为"贾梅士纪念日",20世纪初更成为葡国日,20世纪80年代又把它命名为葡侨日……

这一切崇高的荣誉,都源于澳门凤凰山,也就是今天的贾梅士公园,又称白鸽巢公园内的一个小石洞。这是一个看似实在普普通通的石洞,一个不过长3.2米、宽1.35米的逼仄石洞。不知是否是缪斯的精灵在此游历过,被葡国人称为"祖国的圣经"的《葡

国魂》,就是"一手握剑、一手执笔"的独眼诗人贾梅士在这个黑黝黝的山洞中吟诵而成的。

这部史诗的诞生,使葡国有了自己的莎士比亚、但丁和屈原。贾梅士成了葡国人心中最值得崇敬的英雄,变成了葡萄牙的代表、文明的象征。而这一切,都是和澳门、澳门小山坡上的这个小石洞相连。

三块天然的赭褐色巨石叠架而成,当中形成较大的洞隙。这是个无须渲染也会给人以神乎其神感觉的石洞,是诗魂的凝重铸就的。虽然当年贾梅士在此执笔写史诗的痕迹已无踪迹可寻,但站在这么一个地方,脑际似乎还是会有一种若隐若现的情景出现。我想这不仅是因为洞口那一脸沉思冥想缄默的半身铜像。触摸洞壁的厚重,感觉石洞的空灵,任你想象贾梅士先生浓眉下凹眼微启,翘着茂盛的胡须,漫步诗之无我境界……

贾梅士是伟大的诗人,是葡国人的精神之魂。但是,来到这东方小城的山洞来成就这"伟大",却绝没有一点诗的浪漫,就如在洞壁上刻的对联:"才德超人,因妒被难;奇诗大兴,立碑传世。"其实,贾梅士也是开拓疆土的殖民浪潮中的裹挟者,这从贾梅士在叙事诗中对远航者的由衷赞美可知一二。后人对此措辞的含蓄,只是大诗人身份不便罢了。

第二章 独特环境 荟萃名士

没落贵族家庭出身，幼时丧父，使得贾梅士既有贵族的讲求排场，大手大脚，风流倜傥，又常会有囊中羞涩的窘境。这注定了他一生的坎坷，但这也正是他滔滔不绝的诗之灵感；就如他虽终身未娶，但多次陷入爱情的浪漫，令他优美的诗句喷涌，也令他的人生多艰难。

16世纪中贾梅士之所以到澳门，也在于诗、在于情。他年轻时便擅长作诗吟诵，也因此得到了葡王约翰三世的赏识，得以经常出入皇宫。所谓福兮祸所伏，诗人天才的萌芽一再陷于爱情的泥潭，因与王后的侍女相恋，寻觅到了优美诗句的不绝之灵感，但也因此受到了责难。诗人的豪情使他投笔从戎，出征到摩洛哥，却在一次作战中失去了右眼……

肉体和精神的双重痛苦，放荡不羁的诗人禀性，使他在回到里斯本后祸事频频，决斗时刺伤贵族，锒铛入狱。艰难和不幸，沿着当年冒险家开拓的航路，又伴着他来到东方。在印度的葡萄牙殖民总部果阿，二等兵的诗句多有对葡萄牙贵族的不敬，结怨权贵，只好以验尸官的身份离开果阿，经马六甲来到了澳门。

还是一句老话：祸兮福所倚。贾梅士自幼便从母亲马赛多那里听到了关于中国的种种神奇传说，对这个东方古国的文明久有向往，到了澳门也就了却了心愿。更值得庆幸的是，贾梅士在澳

门结识了两位对他以后的人生有极大帮助的人：一位是朋友兼服侍他终身的仆人、马来西亚人周晏多利；另一位就是他挚爱的澳门姑娘蒂娜曼妮。阿周给予贾梅士生活上的悉心照料，而在澳门出生、有中葡血统的美丽姑娘，成了浪漫诗人的灵感，也成了不懂中文的贾梅士了解中国灿烂文化的耳朵和眼睛——她给贾梅士吟诵屈原、李白、杜甫等中国大诗人的诗篇。气吞山河的壮美诗句，令贾梅士大为感染，这对他的《葡国魂》的创作，起到了积极的影响。

蒂娜曼妮在跟贾梅士前往果阿的途中，因船只失事而溺水身亡，贾梅士为之抱憾终身。他用泣血的诗句抒发这份情感："我的心灵啊！你快快不乐地，这么早就离开人世，永远安息在天堂，留下我在世间孤雁哀鸣！倘若你在天上，能够回忆起那火一般炽热的爱啊，我心眼中饱含的一片痴情！"

这个浪漫而又悲哀的爱情故事，在葡国和澳门流传甚广，世代为人称颂。

贾梅士在澳门仅2年，但对他的诗歌创作是具有里程碑意义的。葡萄牙人称为史诗的《葡国魂》，虽灵感源自来东方时的波涛激流中，在果阿时就已动笔，但主要是在这里完成的。特别是中国大诗人的诗风，给他以很多的影响，对他诗作的境界的飞跃，有很大的帮助。

第二章 独特环境 荟萃名士

《葡国魂》主要描述葡萄牙航海家达·伽马航海探险的故事。达·伽马的探险构筑了欧亚商业和文化的海上通道，也成了葡萄牙及其他欧洲列强掠夺东方殖民地的开端。贾梅士诗中热切赞颂"拿武器的英雄"，东方民族尽管感情上对"殖民英雄"的抵触是深刻的，但也得承认这个痛苦事实的另一面的价值。就葡萄牙历史的代言人而言，贾梅士是成功的，他这部每节8行共1102节的叙事诗，采取倒叙、插叙，从达·伽马航海发现，追述葡萄牙向海外拓殖的业绩，又穿插美丽动人的神话故事，歌颂葡帝国，是浪漫主义和现实主义相结合的经典之作。其爱国精神的洋溢和对葡萄牙文学语言的锻造，使贾梅士蜚声世界文坛，无愧地居于葡国文学的圣殿，成为葡国文明的象征。

虽然，《葡国魂》的神圣并不是一开始就得到认可的，就是达·伽马的后代也并不买《葡国魂》的账。但岁月是试金石，因为《葡国魂》，葡萄牙人传颂达·伽马，也传颂贾梅士。如果没有这部开创性的史诗，贾梅士就是个潦倒的伤残兵，就像没有远航印度的探险里程，达·伽马也会悄然地老死在葡萄牙海滨小镇的一个角落里。这就是历史。人造就了历史，历史记住了人！就像那逼仄的小石洞，成就了诗人，也成就了灵性！

葡国人的"祖国圣经"《葡国魂》，融汇了东方古国的神灵！

127

白鸽巢公园贾梅士洞内的贾梅士像

第二章 独特环境 荟萃名士

诗情画意的白鸽巢公园

第二章 名胜古迹随处撷英

一、"东方梵蒂冈"——大三巴

到澳门不会不到大三巴，就如到北京不会不到长城，到西安不会不看兵马俑。

1576年，罗马天主教教宗出于进一步东扩的需要，也鉴于澳门独特的文化背景，在天主教东传上能发挥其他城市无法比拟的独特作用，将澳门晋升为主教区，管辖几乎整个亚洲东部（包括中国、日本、朝鲜、越南等）的天主教活动。因而，澳门素有"东方梵蒂冈"之称。

澳门称之为"东方梵蒂冈"，并不仅是它在天主教教务管辖权限上的扩大，古时这里的教堂建筑，较梵蒂冈毫不逊色；这里培养的传教士，于宗教的传播和东方文化交流上的贡献，是其他任何一个教区无法相提并论的……而这一切的一切，都在这残存的教堂前壁——大三巴牌坊古朴的雕镂中留痕。大三巴牌坊，也

第三章 名胜随处 古迹撷英

逐渐成了澳门的象征!

所谓"三巴",就是葡文"圣保禄"的译音。"大三巴牌坊",其实是人们对其形象的通俗称呼:"大",是为有别于另一个"三巴仔"教堂;大三巴牌坊,其实就是圣保禄教堂的门面(前壁)。

这堵墙身建筑时就吸取了中国传统的风格,教堂被焚毁后仅存石壁,更像中国传统的石牌坊,因而才称之为"大三巴牌坊"。它就坐落在离议事亭前地不远的大三巴斜巷的小山坡上,东临著名的大炮台遗址,也就是澳门博物馆之所在。

大三巴牌坊在快节奏的粤港澳地区,又简称为"大三巴"。它矗立在 70 级石阶之上,高 50 米。虽是残壁一座,饱经数百年风雨侵蚀,却仍是身残志不残,气宇轩昂,恢宏壮观。我想这和它的"底气"足不无关联——圣保禄教堂建筑时,整座教堂就是一座艺术殿堂;它是天主教传教士在澳门及中国建造的第一座巴洛克式的教堂,是散布在世界的少数几座欧洲巴洛克风格的建筑代表作之一;更因其在建筑设计上将东西方文化艺术精巧结合,也就在这些代表作中有了绝无仅有的风格和价值。圣保禄教堂也是远东第一所高等西式学府圣保禄学院之所在,这是一所创办于 1594 年,比日本东京大学早 283 年(如从其前身圣保禄公学算起,则早 312 年),比中国大陆最早创建的大学——上海圣约翰大学

133

早 285 年的古老院校，历史上在东西方文化交流中做出大贡献的大师级人物的"摇篮"；还有就是曾遭受了三次大火灾"洗礼"！有如此深厚的底蕴和坎坷经历，它怎么会在岁月面前露怯呢？

"来澳必游大三巴！"约定俗成，"大三巴"活跃成特定的名词，圣保禄教堂的前壁反而较为生疏了。

虽说是传播上帝的福音和形象之所在，也不知是否将福音悉数尽洒于他人他处，圣保禄教堂自身却是多灾多难，"祝融"一次次光顾相袭；而且这个东方的火神是一点面子也不给来自西方的上帝——法兰西斯卡·波莱兹和特谢拉教士艰辛创建的这座教堂连同书籍，1595 年全部付之一炬。耶稣的"勇士"们照原样修建，不过 6 年，又一次毁于大火。

吸取了前几次不堪火神一袭的教训，也是因为在 1580 年前后，澳门的商贸进入了空前繁荣期，澳门的葡人和参与经商的耶稣会教士获利甚丰，募捐资金也就相对容易多了，教堂的重建工程空前的大手笔。工程从 1601 年动工，有大量的中国教徒和日本教徒参与，历时 40 年才全面竣工。据称，当年的造价就是 3 万银币。当时教堂规模宏伟，长 50 米、宽 20 米，墙高 40 米，占地 1200 平方米；建筑风格主要采用了欧洲文艺复兴时期的意大利式，具有浓郁的古典风格和气息，成为远东当时最为壮观的教堂，东方

第三章 名胜随处 古迹撷英

来的传教士必到的瞻仰处。印任光、张汝霖的《澳门纪略》中称："寺首三巴，在澳东北，依山为之，高数寻，屋侧启门，制狭长，石作雕镂，金碧照耀。"也正因为如此的影响力，澳门曾有"相逢十字街头客，尽是三巴寺里人"的景象。

三巴寺的建筑风格融会了中西，有人称不仅是外形，还有风水。它背坐山坡，南临风景优美的南湾，西向船只往来必经之地的十字门航道。十字，为教会信仰的标志。十字门接近三巴寺，两者是巧合，还是有意而为之？诗人是这样诠释的："钟鸣月出三巴寺，同起潮生十字门。""海市远通十字门，蜃楼高耸寺三巴。"

当时的三巴寺，令当时的人们大开眼界的，就是法王路易十四的自鸣钟，这从第一任澳门同知印任光的《三巴晓钟》一诗中形象道来："疏钟来远寺，籁静一声闲。带月清沉海，和云冷度山。五更皆晓际，万象有无间。试向番僧问，曾能识此关？"

三巴寺的精巧，首推其内部装饰画艺术之高。有人如此称道："它的美是无与伦比的，除了圣彼得堡教堂外，连罗马当代教堂都为之逊色。"它于艺术上的贡献还不仅是艺术上的精湛，而在东方绘画史上开创了西方油画之先河。可惜，这一切，都随着1835年的一场大火而魂归天国。

不知是否是天数，教堂的建筑师卡洛斯·史皮诺拉传教士，

在日本传教时也被日本幕府活活烧死。

如此完美的建筑不到200年就遭灭顶之灾,不得"善终",人们总感到是世间的一大憾事。就像圆明园的断垣残壁,不管能让艺术家产生多大灵感(我曾亲耳听一个艺术家说过,他从这些断垣残壁中感到了维纳斯之美感),却终究是中华民族历史上的耻辱印记。远东最为辉煌的大教堂,从此一蹶不振,留下孤单的大三巴牌坊,独自支撑着昔日"东方梵蒂冈"的记忆。

经历了300多年风雨侵蚀的大三巴,如今仍魅力不减,成为游人乃至建筑家和艺术家的看重之地,是有其内涵的。牌坊正面有五层,上面镶嵌雕刻的惟妙惟肖的艺术群像,笼罩着浓郁的神话色彩,大多来自《圣经》故事的演绎,也不乏源自征服东方的欲望和意念。

石壁顶上立有十字架,架下塑有展翅的铜鸽圣像。鸽子含着橄榄枝,在《圣经》的"创世纪"篇里飞将出来,它向人类报告了平安,报告了求生的希望,人类也就接受了它代表和平与安全。澳门回归前,广州的数千只信鸽,在此展翅飞向羊城时,我不禁多看了一眼那只铜鸽,仿佛感受到了它的欣慰——游子回归母亲的怀抱,这是和平世界的喜事。

第二层中间是耶稣像。人类的祖宗偷吃禁果犯下弥天大罪,是无法自救的,只有靠上帝独生子耶稣降世"救赎"。耶稣"救赎"的途径就是受苦受难,舍身流血,被活活钉死在十字架上,作"赎罪祭",就如佛教中修苦行的菩萨,"我不下地狱谁下地狱"。以自己这种无我的情操,影响人世间"迷途的羔羊",尽快地脱离邪恶,投入上帝的怀抱,从而获得"永生"。耶稣像旁雕刻的绳索、锤子、铁钉、扶梯等钉死耶稣的工具,仿佛在向来人述说着这样的情景。

  第三层中间拱形门洞内,是童贞圣母立像,两边刻塑了6名天使吹奏迎接圣母升天的画面。还有代表中国的牡丹花和日本的菊花,这些反映了澳门传教士当时主要的传教区域。圣母像左侧有两组图案:一是一只奇形怪状的海兽在搏杀,一是一艘海船在海星之母引航下驶过浊浪汹涌的大洋。画面仿佛述说着勇敢的航海者战胜了常人无法想象的艰辛危难,才来到了东方。圣母像的右侧也有两组图案:外面一组是卧式骷髅,竖刻着阴文"念死者无为罪";内一组是一个七头怪兽,中间一个面带笑容的怪兽头上立着双手合十的圣母,竖刻着阴文"圣母踏龙头"。在龙的故乡,个中透显的玄机就不言而喻了!从中也反映出东西方文化在交汇过程中的冲突。

  再往下的一层就是耶稣会的四位圣人和真福者,从左往右依

次是：圣方济各·白嘉、圣依纳爵·罗耀拉、圣方济各·沙勿略及圣路易斯·贡萨加。

　　最下层也就是人们可以进入观瞻的门洞上方，中间门楣刻着拉丁文"MATER DEI"，意为"天主之母"，仿佛提示人们，这是昔日的大教堂的缩影。

　　一座前壁替代了一座大教堂，一场大火烧去了昔日的辉煌，建筑师的智慧、工匠的技艺、信徒们的茹苦乃至舍身忘我的赤诚，也都随之烟灭。这是残酷，还是世间事本就是如此无常？

第三章
名胜随处 古迹撷英

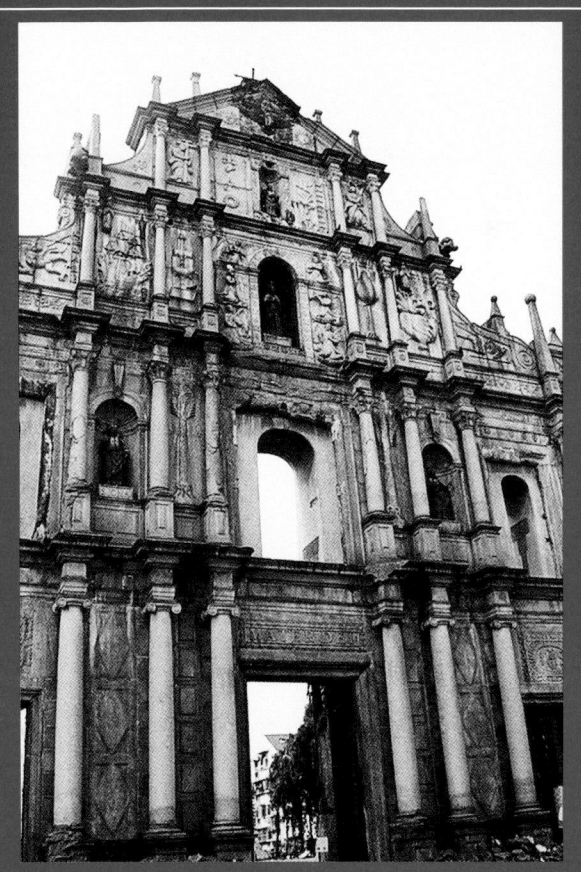

大三巴牌坊

大三巴牌坊第三层中央供奉的圣母像

第三章
名胜随处 古迹撷英

大三巴牌坊

英国画家钱纳利笔下的大三巴

图片出处：澳门特别行政区政府文化局澳门艺术博物馆

第三章 名胜随处 古迹撷英

圣保禄学院天主之母教堂遗址（即大三巴牌坊）

西望洋山上的圣母小堂

第三章
名胜随处 古迹撷英

立于大炮台的圣母像

拱形门洞里,童贞圣母像凝望着世人

第三章　名胜随处　古迹撷英

远眺西望洋山

19世纪末，圣保禄教堂前壁残存

二、妈祖早到于"开埠"时

"历史是人写的!"

这实在太过于浅显的直白,细细回味,尤其是不直接道明一二的"感叹",那圆点的厚重和圆润,实在是充满了玄机和哲理的感慨。

澳门回归以前,澳葡官方谈及澳门的兴衰和发展历程,很喜欢用"澳门开埠400年"——尽管很多学者有异议,尽管很多的澳门人不以为然,但"正史"多是如此记载,好像葡萄牙人未到澳门前,这里就是蛮荒一片!

同是澳门最被看重的"神灵之地",圣保禄教堂"祝融"是一再相袭,最终落得个残壁一座;妈祖阁虽也曾遭"祝融"光顾,但它们仿佛未曾积怨,500年来,妈祖跟前一直是香火旺盛、享用不尽。

第三章 名胜随处 古迹撷英

　　手头很多的资料都有翔实记录，妈祖阁的历史可追溯到明朝万历三十三年，也就是 1605 年。400 多年的"资历"，这和内地一些名山大川的古庙动辄 1000 年、2000 年的"高寿"比，自是小字辈；但在澳门这个被史书称为"开埠"400 多年的地方，一些 300 年、400 年的"老教堂"与之相比，妈祖阁却是当之无愧的神灵祖庭了！虽然庙内俊俏的天妃娘娘，400 多年的岁月未能使她有一丝苍老……

　　妈祖阁在澳门当地多称之为妈阁庙，天后即天妃，同是妈祖在历史上获得的殊荣。阁和庙的区别，我想还是在于规模上吧。但以位于澳门半岛东南角的这一片古色古香的建筑群来论，我以为称之为庙更贴切。

　　妈祖阁顺山势而建，依岩崖构筑，从中也可看出建筑的精巧和艰难。现在庙前有颇为开阔的广场，那是填海的成果。从葡人在 18 世纪创作的一幅油画上看，当时的庙宇前就是海湾泊船之处。葡人初到澳门，就是从这里上岸的。洋人们不知这海岛渔村为何地，看到这供奉着神灵的建筑，从中国渔民敬崇的称呼中，接受了"MACAO"这一发音的概念。所以，一直到现在，澳门在洋人的概念中还是"马交"。

　　妈祖阁早时也称海觉寺，是否在妈祖南来之前就是寺庙道观，

149

现在没有可信的资料，但妈祖阁内大殿侧门仍赫然题额"正觉禅林"，似为寺院颓圮。有人据此认为，是妈祖南来后道缘好，受供奉日盛，久之，喧宾夺主，也有可能。在澳门，亦道亦佛、亦神亦俗，佛道杂处、神俗共用的所在也并非一两处；谁主谁宾，也难确论。但市民今日虔诚供奉香火，外地游客必到观瞻，冲着妈祖而来却是不争之事实也。

游妈祖阁不会没有好心情。初到这里的游客，虽未睹妈祖俊俏姣好的容颜，也会好感顿生——这是因为庙门两旁一对青石狮子摇首摆尾、憨态可掬，似真诚迎客之到来。不像内地很多寺庙大宅门前的石狮，常常是故作威严状，未进山门，便先给你个"下马威"。

妈祖阁的大门，不是我们在一般寺观常能见到的中轴线结构，这主要是它建筑时顺山势和海岸线。大门的门框下，镌刻着对联："德周化宇，泽润生民。"称颂妈祖庇护生民的神力和功德之情溢于言表。进到庙门，穿过一个刻有"南国波恬"横额的石牌坊，就可看到一个石窟，也有人称之为石殿，妈祖居于此是最安全的，任你雷击火烧，一点也威胁不到她；但也可以看出妈祖初来澳门拓展基业时的艰辛。凭直觉，这里应是妈祖来澳较早居住处，这以石殿构建的局促，以及外墙"瑞石灵基古，新宫圣祀崇"之联也可揣摩一二。唯因"古基"之灵,才有更加兴盛的"新宫"也。殿门上端烟熏火燎的石顶上,还有"神山第一"之额,这是指此处是澳门神灵最初光顾之地,还是最权威处,就全凭你去猜度、感觉了!

妈祖阁的大殿在进庙门往右转。人们进大殿,都会从书有"正觉禅林"的侧门进出,而大殿正前方的圆门,并不做进出之用。这主要是山势濒海的原因,也就有了别于他处的风格,充分显现了妈祖处事的灵活性。这和其他神灵按部就班的机械,有鲜明的对比。

大殿内正中供奉着妈祖娘娘,左右两边神龛内供奉的却是韦陀菩萨和地藏王菩萨。

神佛共处,倒也不甚稀奇,但这殿内两壁十八般兵器样样俱全,出于何意,倒令人费思量:是放下屠刀,神也成佛,还是镇海妖所需?反正,这和妈祖娘娘慈眉善目、端立低垂在帷幔里,注视着老老少少的善男信女们,数百年都不厌其烦地倾听着每一个人的祈求的氛围不甚协调。噼里啪啦,啪啦噼里,求卦的竹签声此起彼伏。我初来南粤,就常听人说,澳门妈祖阁的签是很灵的,因为妈祖有着和观音一样的好心肠。老一代人对妈祖的祈求多为保佑他们出海航行平安,但现代人在这里祈求的要多得多了。

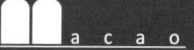

我看了一眼妈祖,这般娇小的身躯怎能承受得了世人无穷无尽的欲望?

数百年来不厌其烦地"受人烟火,替人消灾",如此信义实在堪敬。但她的这种品性,并不能感染每一个人。在庙内的摩崖石刻上,我看到其中一处极为恬淡平和的诗文:"欹石如伏虎,奔涛有怒龙;偶携一樽酒,来听数声钟。"诗作者为潘仕成。如果不知此诗作者来历,仅看成文人骚客即景吟诵,也就没什么特别处了。殊不知潘仕成就是与清钦差大臣耆英等在望厦签订了丧权辱国的条约后才来此一游的。食君禄的封疆大吏,在当时的情形下,还能写出这般不关痛痒的诗句来,不知屈大夫泉下有知,又会做何感想。

其实,妈祖早于澳门"开埠"前到来,也反映了"开埠"前的澳门的情形。古代澳门人从事渔猎和贸易活动,长年在大海中漂泊,风险难测,以航海保护神面目出现的妈祖,为澳门人所敬崇也就顺理成章了。

关于妈祖的生平,也说法不一。有的说她生于穷苦人家,也有说她是小官吏之后,其父林愿是福建莆田湄洲郡巡检。但一致的是,这个在世间只活了27年的俊俏姑娘,自幼就有神灵迹象,出生月余不曾啼哭吵闹,家人因而唤她默娘,及长,才

第三章 名胜随处 古迹撷英

取名为湄娘。传说她自小就能显神通，可预测人之祸福，常在梦中拯救海上遇难的航船。她的哥哥在海上遇难，便是她在梦中施展神力解除了险情，因此，这个小女子颇为乡人敬崇。在她死去后，名声也越传越神，并惊动了朝野。历代皇帝都曾予以册封，宋朝封她为通贤神女，元、明加封为天妃，清时又晋封为天后。湄娘在九泉之下得到的殊荣累积，天下女子恐无人能及。妈祖崇拜从她的家乡湄洲湾迅速传播，中国沿海地区及台、港、澳都逐渐建起了妈祖阁、天妃宫。妈祖还随着华人漂洋过海，到了世界上很多地方。有人统计，世界各地妈祖阁有2500多座，在台湾岛就有800多座。

这是在中国这一个封建古国中颇为独特的文化现象：普通的民间女子一而再、再而三地被皇家册封，显赫地套上了神圣的光环。更耐人寻味的是，在中国，航海向来就是男子汉大丈夫的事，一直到近代，女人和航海都仿佛是两极。但强悍的男子汉，却如此虔诚地接受了这么一位小女子的护佑和指引。这是东方古国本来就是母系天下，还是男子的强悍实在太辛苦，离不开女性抚慰？或者兼而有之？

这位为女性争得了尊严的女子，虽然这份尊严千百年来不曾和其他姐妹共享，但她经久不衰的魅力所昭示的，我以为远远超

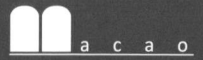

出了航海本身。就像她在澳门,比"开埠"者先"开埠"的不争事实,就澳门的开拓之功论,也就不必太较真"史实"之笔墨了!

妈祖阁一角

第三章 名胜随处 古迹撷英

妈祖阁在澳门称妈阁庙，其实就是建筑风格的差异

妈祖阁詹顼亭与弘仁殿。弘仁殿据传是澳门最古老的神殿，在利玛窦游记中就曾提到

憨态可掬的石狮子,是妈祖阁内可爱的"迎宾"

第三章
名胜随处 古迹撷英

妈祖阁正觉禅林

烟火缭绕的祭台

数百年的渔船,都靠着同一个信仰来祈求平安

第三章 名胜随处 古迹撷英

妈祖阁詹顼亭与石坊

在妈祖阁半山社公前拜祭的妇孺

一家人平安出海归来,都会感恩妈祖的庇佑

妈祖阁全貌

第三章 名胜随处 古迹撷英

三、黑沙湾史牵古今

澳门是世界上人口密度最大的地区之一，澳门给人的感觉也是以地方小、建筑密、人拥挤为最明显。换句话说，游澳门也就是来感受现代城市之繁华景象。

澳门回归前夕，澳门中山同乡联谊会理事长林树棠先生驾车陪我一游路环岛的黑沙湾，使我对澳门有了另一番感觉：小小澳门，有这么大片的生态保存完好、宁静悠然的度假区，实在难得。

这里山不高而林茂密，景不险但趣幽，特别是黑沙湾海滨，半月形的海湾细沙绵绵，海水碧蓝，是天然的海滨旅游胜地，可同时容纳上万人在这里的海湾浴场尽情地游泳冲浪。在黑沙湾的一家咖啡厅小坐，由于是上午，客人较少，热情的老板便和我聊了起来。据他介绍，这一带原来是澳门较为偏僻的地方，人迹罕至。但自从修了澳门和氹仔的跨海大桥，又在氹仔和路环两海岛间填

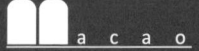

海形成了连贯公路,人们便看到了距离繁闹喧嚣的城区咫尺之处的这一大片还处于原始状态地方的价值了。开发的眼光盯向了这里,五星级的鹭环海天度假酒店依山势而建,还有黑沙湾综合康乐及体育中心以及各档次的餐馆酒吧,使得这里成了人们休闲的理想之处。更为难得的是,紧邻的海滨竟有一处百鸟鸣闹的人造松树林,为休闲者平添了一份清凉和惬意。

将这么个美丽的海湾取了个不雅的名字——黑沙湾,是因为这里沙滩上的沙子闪光黝黑,这在众多海滨沙滩中是罕见的。因而,黑沙湾是名副其实的。

许多年以来,沙粒为什么不是金黄而是黑色,特别是周围附近的沙滩都没这个现象,唯有这宁静的海湾沙滩是这般,是一个谜。于是,各种各样动人的传说便于猜谜中产生了。地处海湾,最能打动人心的,自然也就是关于海的故事了:

波涛汹涌的南海,最高当权者南海龙王本来是一条黑色的蛟龙,它驰骋于万顷波涛中,性情异常的暴躁,却也劳身伤神,看到黑沙湾这潮平湾圆的处所,觉得是理想的休养处,便视作卧床。但蛟龙便是蛟龙,喜怒无常,一不高兴,便在"卧床"上不停地翻滚,搅得南海波涛汹涌,它自己身上的黑鳞也掉下不少,在海涛长久的冲碾下成了一片黑沙粒……

第三章 名胜随处 古迹撷英

还有一个传说就更能打动人心了：

古时候，黑沙湾旁的小渔村中，一对普通的渔家夫妇生了一个容貌姣好、聪明可爱的女儿。这个美丽的渔家女长大了，来提亲者络绎不绝，可都是些大户人家的纨绔子弟，虽有金银珠宝的聘礼和荣华富贵的诱惑，可生活在贫寒中的渔家女毫不犹豫地一一拒绝了。寒门渔家女不贪慕富贵，她的品德感染了爱神丘比特，就向她射出了爱的神箭。正当她欲离开荒岛和爱神同奔乐园时，不幸之事降临了：一个贪慕她容貌曾扮成富家子弟上门提亲遭拒的恶魔，施展魔法，使她无法离开路环岛。爱神箭羽坠落海湾时，爱心受到伤害，流下了一摊摊鲜血，日久天长，染黑了这片本来金黄色的沙滩……

种种的传说，使这片自然界的奇特景观染上了神秘色彩。

那么，原委又是什么呢？原来，这里的海水有着黑色的次生矿"海绿石"，在海流的潮汐搬运下，经风浪的拖带形成一道道白中带黑的沙带，年长日久，人们就把这一神奇的海滩称为"黑沙湾"。黑沙滩黑乎乎一片，海浪簇拥的泡沫像花边似的勾勒着它的边缘，仿佛一幅风景画里，孩子涂抹错了颜色，但它和海以及海水泡沫，形成由远而近的蓝、白、黑的明快组合，人们是会有好感觉的。

科学昌明，但昌明的科学也或多或少使海湾的神秘色彩减淡，从而使人淡了游兴，世事有时就是这么矛盾。

人们利用黑沙湾的独特地理位置和自然条件，构造了一个紧靠城市远离繁杂的宁静之处，营造了一个难得的自然生态保护良好的环境，这使得澳门这座有太多故事的地方又多了一个人和自然环境和谐的故事。在不断填海造地、寸土寸金的澳门，能把这么一大片土地的生态完好地保持，的确不容易。

在澳门博物馆，我更惊奇地获悉，这片原始的自然景观和现代文明相映成趣的土地，竟是当地最初有人类活动踪迹之处——早在新石器时代，这里就有人类生活的痕迹了。从20世纪70年代开始的考古行动，特别是1995年有澳门专家参加的考古发掘，这一带的大量古代文物被发现。有一处距今已4000多年的玉石环玦作坊遗址，出土了不少水晶环、石芯、毛坯、素材和石核等玉石饰物，以及制作环玦用的加工工具，有环砥石、石锤等，还有一些用现在的眼光看来十分粗糙的彩陶残片。

类似的玉石作坊遗址，在珠江两岸沿海的一些地区也有发现。这说明这个现在看来充满了荒情野趣的海岛，却是古老的中国越族先民劳动与栖息处。专家权威的论断是，由于澳门半岛背靠大陆，有择水而居的十分便利的自然生态环境，是比较利于先民当时的生活习性的。因而，6000多年前，黑沙湾一带就是先民居住、活动的重要地区。

就制作饰物的工场论，这里的居住群还决不会是很少人。毋庸置疑，这个已在岁月的变迁中"沦为蛮荒"的地方，是越族子民寻根觅祖的处所之一。

黑沙湾一带曾发现过古铜钱、古陶片。在这片和风轻拂、碧波嬉逐的海滩上，游人不但可以进行海水浴、日光浴，幸运者说不定还能在考古上另有一番发现、一番收获，给人生旅途带来一段意外惊喜和有趣的回忆。

离开这片景写千秋、史牵古今的神奇之地时，林树棠告诉我："莲花大桥在回归前夕修通后，这里就是澳门新通道的附近了。如何做好开发与保护同步的文章，值得特区政府引起重视。"的确，一个变迁古今的场所，一个繁华与宁静并存、现代与历史重叠的景致，是岁月的慷慨馈赠，是弥足珍贵的！

田间劳作的农夫

第三章 名胜随处 古迹撷英

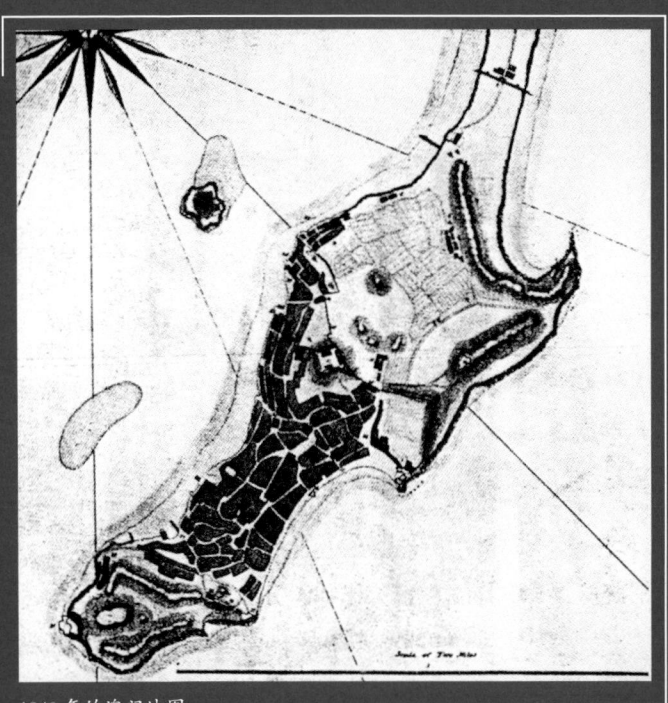

1840年的澳门地图

路环海岸的捕鱼船

田地间辛劳的农夫

第三章 名胜随处 古迹撷英

路环、氹仔耕地,农民早出晚归,为生计辛劳

在船尾晒网

acao

划龙舟纪念屈原的习俗，仍然沿袭了下来

黑沙湾，承载了澳门几千年的历史

第三章 名胜随处 古迹撷英

四、各路神佛共荣一庙

这个世界不太平！世界不太平，就在于能主宰世界乃至宇宙、本领通天的神灵太多了！太多了又各不示弱，于是，便各自找一个高高在上的处所，指使拜倒在自己脚下的信众，抢山头，争地盘，抢来争去，就会忘了以"善"为本的立教初衷。拳脚相加，兵戈相见，这个世界就不太平了！

综观世界风云，宗教问题是很多争斗的祸源也！各教之间、各教派之间，争"山头"、论短长，就有了阵阵的血雨腥风……

但东方小城澳门开埠以来，各个宗教纷纷登场，各自的信徒却都能相安，出现了罕有的和平共处的现象。这是个令世人关注的现象，这是个值得东方小城人人自豪的现象。要探究这个现象的根源，不能不提到莲峰庙。

莲峰庙、普济禅院和妈祖阁，是澳门最著名的三大庙宇。在

澳门的众多庙宇中，莲峰庙是最具代表性的建筑。外庙三座横连，内殿二进，门前广场空阔，围以石栏，建筑恢宏气派。正门两侧有楹联："莲花涵海镜，峰景接蓬瀛。"从中不难感受到，其时的莲峰庙是地理位置和风光景致俱佳。

但莲峰庙之所以在澳门地区有影响力，并不仅在于它的建筑，而在于这是一处充满了祥和氛围的福地：各路神佛各处一隅，各尽所责，和平共处，不妒不忌，共荣一庙，堪为大千世界芸芸众生之表率。

当然，来自不同"山头"的神佛们，能随遇而安地同在一处、共荣一庙，这和建庙者对神佛们的前后座次的合理摆布不无关系。莲峰庙初为天妃庙，始建于1592年。史籍记载，这个小庙原来为顺德县（现顺德区）龙涌杜氏乡人旅澳的旧祠堂，当时周围居民大多是水上人家，只供奉能保佑航海平安的天妃娘娘。葡国人到澳门后，因为这里距关闸很近，就称其为关闸庙。莲峰庙有今日各路神佛相聚的热闹场面，有赖于清代的几次大修建。现在庙内墙壁上的《重修莲峰庙题名碑》，对庙的布局有专门阐述："天后殿居前，中为观音殿，后文昌阁，左关帝殿，右仁寿殿，堂皇而深，壮丽而固，瑰玮绝特，较前倍之。"有此合理格局，可见也是煞费了苦心的。

第三章 名胜随处 古迹撷英

在莲峰庙内，人们求助最多的，是一前一后大殿中的两位女性神灵——天妃娘娘和观音菩萨。你看，斗转星移染不白她们的青丝，岁月更迭也改变不了她们的温柔和秀美。永恒的美丽，自然给人们以所求美好会应验的信心！

天妃和观音，一个是土生土长的神奇民女，得到历代皇家晋封，由林姑娘至夫人，再而王妃、圣妃，直至天后，完全是在本土成长起来的神灵。而观音的来历就不同了，她是来自西天的菩萨，正宗的佛界大师，在西天佛国的地位就极为显赫。而观音也以"救苦救难"为旨要，不计地位高低、出身贵贱，和天妃在一处共享人间烟火，共济世人危难。两人都能像在其他地方专门为各自设立的寺庙里一样慈祥安乐。

如此豁达大度，真不失神灵之大家风范。她们的风范赢得了世人敬重，也同样为神灵所推崇。

在莲峰庙，你还可以看到一个个在中国民间有不俗之影响力的够"大牌"级的神灵。虽个个是男子汉大丈夫，各有各的本领，各有各的个性，却都能甘愿屈居于侧殿，倾心尽力地协助两位女性庇佑一方平安和福祉。这种男女平等的民主意识，也是值得男尊女卑的封建意识至今挥之不去的现代人学习的。

这里首推的，当是武帝殿中的红脸关公。关公虽也是个本土

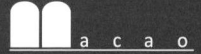

神灵，而且在世时也有"败走麦城"的羞辱记忆，但并不影响他一生勇武忠义的高大形象。清光绪帝长达26字的圣封"忠义神武灵佑仁勇威显护国保民精诚绥靖翊赞宣德关圣大帝"，使他威名四海，神通三界。佛门寺院请他当护法神，道观奉之"荡魔真君""伏魔大帝"，儒家忠孝节义的楷模更非他莫属；就是"出洋"游历，他面如古铜、身着金甲、手执青龙刀的凛凛威风，也大慑"洋魔"。

在各教中都有道缘，在各色人种中都有人缘，观音菩萨到澳门开设道场于莲峰古庙后，请了韦陀菩萨和地藏菩萨来相助，还要请关公同来护法，缘由也许在于此吧！莲峰庙左侧殿，请来了不见经书正传的众神仙。虽然他们居处不能像观音、天妃这般宽敞，但也不能说是一种歧视。在莲峰庙，虔诚的信徒们从"野史"中将他们请来，而且一一登记入册，配以香炉供奉。

这些神中，有读书人的祖师爷、创造出象形汉字雏形的仓颉与沮诵。他们目光沉迷，仿佛在领悟天人之间的感应。有农业和医学的先驱神农像。神农在中国，也是于人类发展贡献卓著、殊为可敬的人物。他不但教人们开垦荒地种五谷杂粮，使先人们的生活摆脱了单纯靠狩猎为生，有了质的飞跃；更难得的是，当瘟疫肆虐之时，他置个人生死于度外，亲尝百草为病人寻找对症之草药治疗，不幸丧身于剧毒的断肠草……他的行为感天动地，由此位列民间崇敬的诸神之中。

在这里，还供奉有一位地方神——金花娘娘，是产妇婴儿的保护神。北方知道她的人不多，可在广东，她跟前的香火和观音、天妃一样旺，这全是因为她的一技之长很现实，是解除人无后之忧。想生孩子怀不了孕者，找她！想添丁续香火者，找她！有这么"实在有用"的本领，怎么能不吃香呢？

其实，金花娘娘也是和大多数受欢迎的神灵一样，辉煌都是身后事。传说她是一位金姓人家的姑娘，很小时偶遇仙人点化，就有了超凡本领。当地的一位巡抚夫人难产，三日了，婴儿还是不愿出来，郎中巫婆怎么施法俱不管用。金姑娘去了，三下两下，"哇"，一个白白胖胖的公子哥就诞生了！她的名声也随之远播，当地人敬若神灵，也就没人敢跟她结婚。但金花虽有仙术，却凡心未泯，凡夫俗子男欢女爱、结婚生子，都没她的份。好心人遭冷落，一气之下，金姑娘投湖自尽。去时虽是处女身，但登仙后专"佑人生子"，就被尊为夫人了！

各路世间尊崇的神佛相聚一庙，莲峰庙怎么能香火不兴呢？

莲峰庙闻名遐迩，是各路神佛共荣一庙努力的"成绩"，但与它的背景也是不无关联的。早先，这里就是中国官吏商贾云集议事的处所。有史书称，清嘉庆、道光年间，"莲峰庙合澳香火，

旁建客厅,以备各大宪遥临驻驿之区"。清道光十九年(1839),钦差大臣、两广总督林则徐为禁烟事到澳巡视,就在庙内的一个四角亭边传见澳葡官员。现今庙门右侧修竹榕阴下,林则徐披氅端立的全身石像,使古庙又多了一处实在的敬仰古人处,增色不少。

同是清廷钦差大臣,耆英在离这里不远处望厦村中的普济禅院留下的,则是一笔抹不去的国耻。望厦是个很古老的村落,但它的出名在近代,不是因为地灵,也不是因为人杰,而是昏庸的清大臣。在普济禅院幽静的后院,在高僧论经谈禅的大圆石桌和腰鼓石凳上,面对着乘坐"白兰地"号巡洋舰而来的美国"全权公使"顾盛依仗舰炮的声明,"将要亲往北京,亲向皇帝递国书",声明里分明掺有气势汹汹的火药味。

怎能让"洋夷"进京再惊扰老佛爷?一品钦差大臣气馁了,与之签订了丧权辱国的《望厦条约》。

《望厦条约》的屈辱,使得以济世为本的佛地受累。望厦村无辜!普济禅院无辜!无辜的村落和寺院,因《望厦条约》而成为世世代代抹不去的耻辱柱。1944年签约100周年之际,在普济禅院建了碑亭,记叙了这一段历史。虽碑文所述观点值得商榷处颇多,但它是沧桑,民族英雄塑像是悲壮。正是有了这般不同的感觉,也就有了"读史明志"之说了!

第三章

名胜随处 古迹撷英

莲峰庙文昌殿,祀奉仓颉、沮诵两位圣人

莲峰庙内供奉神农

第三章
名胜随处 古迹撷英

莲峰庙莲峰社前,香火不断

新桥石敢当行台前的社公崇拜

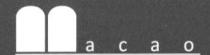

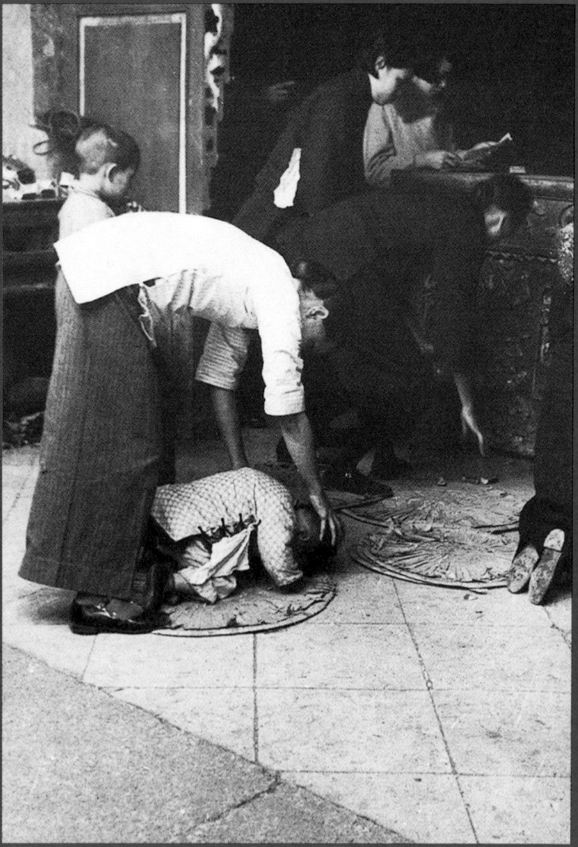

氹仔天后宮前拜祭天后

第三章　
名胜随处　古迹撷英

三街会馆前"荣宁社"崇拜

晒蚊香

路环老城区中的三圣宫

第三章
名胜随处 古迹撷英

望厦村中的普济禅院,是澳门佛教的主要法场

不平等条约《望厦条约》签署的地方

望厦坊众互助会是澳门早期成立的街坊组织之一

普济禅院,又称观音堂

第三章　名胜随处　古迹撷英

五、不再发威的大炮台

大兴大衰,大喜大悲,澳门的大炮台,凝聚着澳门的曲折历程。

我曾数度登临大炮台。大炮台是一座城堡式的建筑,分上下三层。沿小径蜿蜒而上,空旷的草地如一张翠绿的地毯把老城墙衬托得更有古朴味。在这已"淹没"在现代化建筑群中的古堡上,追思其往昔的威风凛凛和辉煌战绩,感受它现今的平和安详,实在是别有一番滋味在心头。

大炮台其实是个民间称呼,它的"官名"是圣保禄炮台、中央炮台或三巴炮台。大炮台和大三巴牌坊是近邻,就是建在圣保禄教堂右侧的柿山顶。而柿山,也因炮台的兴建又称为炮台山。葡萄牙人1584年至1622年,"偷偷地"在水坑尾与三巴门之间修筑了一系列城墙,名为修筑城墙,实际是修了永久性军事工事。这个被人们称为"澳门万里长城"的城墙,在重要关口设置的炮台,

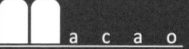

共有6个之多。而其中的圣保禄炮台,无论规模还是战争上曾发挥的威力,都是最大的,无疑是澳门炮台的"大佬"。也许嫌洋名词拗口,老百姓便直呼为"大炮台"。

葡人修建这一庞大的工事,名为抵御荷兰等国来犯和海盗偷袭,保护教堂、葡商和澳门百姓平安,其真正的目的,还是想摆脱明政府的控制,独霸澳门。

这从当时担任"夷目"的澳门教区葡萄牙主教贾尼路对下属的一番话中便一目了然:"我认为,中国明朝的皇帝常换,但对我们的态度并不会有根本改变;他们随时会将我们从多年苦心经营的美丽的马交(葡语音译,'澳门'义)赶出去。那样,我们就无法向国王交代,自己也会受到严重的打击,我们在马交的一切,将被无知的东方人白白占有。我要你们迅速行动,在马交周围修筑永久性工事,以防中国军队的袭击。"

6个炮台,76门大炮,大多能发射50磅的重型炮弹;这在当时,都是等同今日核弹之威了。6个炮台,在布局上以三巴炮台为布防重点,环环相扣,相互照应,对明政府在澳门行使国家主权构成的威胁可想而知。

葡人的行径,引起了时任广东海道副使徐如珂的警觉,他亲自调查了工事的情况,感到葡人擅建的三巴门围墙对中国主权威

第三章 名胜随处 古迹撷英

胁最大,便以先礼后兵的策略,率领中国军民拆除了三巴门围墙,一定程度上维护了国家的主权和尊严。只可惜,明清官员中,徐如珂、林则徐这样的民族义士实在寥寥。

葡人修筑炮台工事的本意是对着明政府,但客观上也起到了抗击别国想侵占澳门的作用。

繁荣的经济背景和优越的地理位置,使得不少欧洲国家眼红,当时的"海上霸主"荷兰曾6次挥兵进犯。双方的争战十分激烈,有赖这个炮台的强大火力,葡萄牙人最终获得了胜利。

当时,葡萄牙人并不是欧洲唯一的航海强国,号称"海上霸主"的荷兰殖民者,看到澳门这块肥肉被葡人独享,甚为眼馋,于1601年9月27日首次来犯澳门,想从中分一杯羹。虎口偷食,反成虎食,来者大部分被葡人当作海盗处死。

其后,荷军屡犯屡败,甚为恼火,便下狠心欲以火力相拼,见一高低。在和英国成了臭味相投的军事盟友后,荷兰人海战实力更强了。1622年6月24日,有12艘军舰、1300多名士兵的荷兰主力舰队来攻澳门,欲报前辱。而当时在澳门仅有50名火炮兵、100多名能执武器的市民及一些非洲黑奴,双方兵力之悬殊可见一斑。

战事还未开,荷军就彻夜吹号、击鼓,提前庆祝攻澳大捷。

骄兵必败之理，又在荷军身上应验。6月24日拂晓，两艘荷兰舰猛攻伽思栏炮台。战火刚点燃，荷军便出师不利，一艘战舰在炮台还击的炮火中沉入海底。7时许，攻澳司令官莱耶尔策亲自率领八百精兵，分乘37艘小艇，在战舰猛烈炮火的掩护下登陆进攻炮台。可在守方第一轮还击中就伤了"头雁"，莱耶尔策受伤后只好退到舰上，派卢芬上校代为指挥。

卢芬带人直攻大炮台。这时的大炮台工事尚未完全竣工，却也不影响大炮发威。精于炮术的意大利传教士杰罗尼点火射击，不知是碰巧还是真功夫，一发炮弹出膛，正中荷军火药桶，就有了数倍于炮弹的杀伤力……

战斗激烈，持续三个多小时，卢芬上校也被击毙，荷军溃败。

这一场澳门历史上规模最大的战争，也是以少胜多的战例。荷军一共死了7名上校、4名少校、7名旗手，兵士死伤不计其数，澳葡守方损失则要少得多。这场战争中，大炮台的威力是战胜荷军的重要原因。

世上事总是巧事多多，这一天，正好是施洗约翰的纪念日，教徒们都说，是圣约翰在大炮台显了灵，教士的炮才打得这么准、这么狠。果真如此的话，荷兰人也就活该倒霉，发动这么大的战事，怎能不查查日历挑个"吉日"呢？能者多劳，从此，圣约翰肩上

第三章 名胜随处 古迹撷英

又多了份责任,葡人敬奉他为澳门城市的主保护神,还把他请到了大炮台的入口处,一直站到现在。

参观澳门炮台,从城墙脚下,有一道狭窄的楼梯通往第二层,梯级极高极陡,转弯处隐隐有两个射口如两只眼睛在窥视。环顾左右,顿生毛骨悚然之感。但人上去之后,视野便会豁然开朗。一排11门铁炮由西向东排列,和第三层的火力相配合。炮口深深,炮身漆黑。据史书记载,以前周围环境不是高楼林立时,在此远眺,澳门东部海域尽收眼底。远处渔船川流如梭,航道左右一清二楚,地势之险要可见一斑。

从第二层中部的小门进入要塞的中心部分,在墙角摆放了一些石制的炮弹模型,模型上方有一个石头雕塑的圣母像。这里是昔日的弹药库,今天已经改成了一个小食店。在那昏暗的灯光中追忆圣城的故事:在很久很久以前,葡萄牙被欧洲强国侵略,举国尽默,唯有澳门还悬挂国旗,数次交涉,终不能悔。后来葡萄牙复国,皇室嘉奖,称澳门为圣城。而当时把弹药库改建在火炮20米处,就是向敌人宣示死不投降的决心。

不能不服气人类想象的能量,也不能不服气岁月的能量,竟能将弹药库和小食店这两个风马牛不相及的处所硬是"扯"在了一起。

　　大炮台作为澳门的制高点和重要的航道控制火力平台，受到历届殖民政府的高度重视，不断扩建。1760年葡国王下令没收耶稣会在全国各地的财产。1762年，澳门当局将耶稣会的全部财产充公，圣保禄学院变成了军营。后来葡兵撤离，才正式成为游览点。有趣的是，炮台大草坪正东那栋米黄色的建筑——原来葡军的兵营，1965年曾改作澳门气象台。昔日，军人在这里掀起战争风云；而今，成为人类观察自然风云变化的场所。这个功能的改变，应是澳门百姓之幸！整个大炮台同样如是。

　　1998年，在原来的仓库和指挥中心的位置上，也就是在大炮台的心脏内，建了澳门博物馆，里面陈设了许多照片和实物，展品有3000多件，"平和"地向来参观的人讲述澳门不一般的历史。

　　曾是那般威风凛凛的大炮台，不再发威了！

第三章
名胜随处 古迹撷英

大炮台上的大炮平和安详,不再发威

氹仔炮台角下，大炮对往来的渔船"行注目礼"

第三章 名胜随处 古迹撷英

留存的炮弹

各种类型的船只入港都在大炮台的火力范围内

第三章 名胜随处 古迹撷英

漆黑的炮身,似乎在向人们诉说着历史
图片出处:澳门特别行政区政府文化局澳门博物馆

不再发威的大炮台
图片出处:澳门特别行政区政府文化局澳门博物馆

第四章 多元社会 包罗万象

一、东方的"蒙地卡罗"

赌博，在国人的传统观念中，当是一种不良行为。就是在封建社会，对这一行为也有明令禁止的时候。

澳门人称赌博为"娱乐"，经营赌博的公司称为"娱乐公司"，赌博的场所自然就是"娱乐场"了！

澳门的相关法律中，"赌博"这一被国人视为不堪之词，明显"雅"了很多，称之为"博彩"。这般称呼看似有些费解，但它的司法解释是甚为严谨科学的：博彩是由机会率或者使命率所支配的，或受其影响并有一定风险的任何赌博、押注、抽彩行为。于是乎，当人们习惯称澳门为"赌城"时，优雅之士便又冠以一个听觉上既洋化又诗化的名字——东方"蒙地卡罗"。如此种种，就不能不为中国方块文字的深邃博义而感慨称绝了。

当然，随着人们对世界认知度的提高，知晓了"蒙地卡罗"

第四章 多元社会 包罗万象

就是摩纳哥的一个赌城,和美国的拉斯维加斯、澳门同为世界三大著名赌城,这种诗意是否顿时就黯然了呢?

"博彩"的是与非,那是政治家和道德学者论定的。作为介绍澳门的书籍,不谈澳门的博彩业,自是不全面的。历史悠久的澳门博彩业发展至今,已形成一个具有多种博彩方式的多元化的架构,而且每一种博彩方式,又是多种多样的,既中西结合,又融会古今,这也是折射澳门历史和社会的聚焦点。

澳门的博彩业至少已有200多年的历史了,在清乾隆年间的史书中就有这方面的内容,说澳门是一个"纵欲""赌博""吵架"的城市。这从清末诗人丘逢甲的《岭云海日楼诗抄》吟咏昔日赌馆的诗句中也能体味到:"银牌高署市门东,百万居然一掷中。谁向风尘劳斗色,博徒从古有英雄。"

而在澳门历史上很有名的英国画家钱纳利的画中,就有农民、小贩、脚夫、士绅以及男男女女、老老少少光天化日之下,俱参与赌博的热闹场面。钱纳利是清道光年间来澳门的,前后在澳居留了28年之久。他的画,也以反映其时澳门社会风俗见长,足见当时澳门赌风之盛。

澳门赌博的兴起,也是和澳门社会发展中的一些现象相依存的。当时,葡人为独吞澳门这一贸易枢纽的"肥肉",排斥他国人来澳,间接地也使澳门的商贸中心地位受到影响。随着香港的崛起,澳门商业受到了较大的冲击。葡人要在澳门待,就得保证澳门的财政收入。正门不通,就走偏门,澳葡政府便动了赌博业上拓新财路的念头。1847年,葡萄牙政府在澳门颁布法令,宣布赌博合法化;而其时在香港、广东等地,赌博一再为当局明令禁止。

人皆不为,唯我独为,赌博成了澳门的独家买卖,自然日益繁盛。这从史书的记载中便可知晓:光绪三年(1877),广东巡抚张光栋严禁广东盛行的"闱姓"赌博(一种利用科举考试来进行赌博的方式。其赌法是事先由赌商公布入闱应试者的姓氏,赌客从中选择20个姓投买一票,每1000票为一簿。考试发榜后,以簿为单位,以猜中试者姓氏的多少来论输赢)。于是,"闱姓"赌博便相继移师澳门,投买及揽载的人群趋而至,络绎于途,澳门政府则坐收渔利,税金所得最高可达每年30万两。广东官府多方拦截前往澳门的赌徒,都无效果,只好不了了之。

宣统三年(1911),两广总督张鸣岐出告示禁赌,广州的番摊馆一律关闭,而香山人刘学洵在澳门的番摊馆生意就格外红火。广州的赌徒"远征澳门,住进酒店,初时微有所获,大吃大喝,揽断了再集资本,再接再厉,最后结果铩羽而归"。这一段记叙,也是对古往今来赌徒下场的形象描写。

第四章 多元社会 包罗万象

虽然，在澳门的葡京娱乐场内有个很别致的告示牌："赌博无不胜，轻注好怡情。闲钱来玩耍，保持娱乐性。"这番看似真情甚切的劝告，成效几多，实在不敢恭维。赢了的还想多赢，输了的总想翻本；赢的钱来得容易花得大方，输掉钱血本无归天地不灵。这样的告示，如同对烟民之忠告"吸烟有害健康"无异也。

正是这个"保持娱乐性"之不易，古时成千上万的平民百姓被人贩子从内地诱骗来澳门，最常见的拐骗手段便是诱赌："拐子们有时借钱给乡民，哄他们进入赌场，等乡民们输光了，便逼迫他们出卖自己的身体还债。"也就成了"猪仔"，漂洋过海，生死由命了。现今，不少"公仆""大款"，由于好此道，又难保持娱乐性，潇洒几回，仕途奔他途，家业又轮回。这样的故事，并不鲜闻，不说也罢。

澳门博彩业的缘起，还有一种说法可追溯到清乾隆年间。当时，清政府只允许广州与外国人通商，澳门便做了广州的外港，所有外国商船必须停泊和经过澳门才能做进口贸易，澳门成了各国与广州贸易的基地。由于当时清政府不准外商携女眷到广州，许多外商就只好将女眷安顿在澳门。

这么多有钱没事干的太太小姐闲居澳门，又没有先生相伴，日子长了自然发闷，有人就想到了赌博。慢慢地，妇人参赌盛行，清人汪兆镛《澳门杂诗》称:"妇人入赌馆最为风俗之害,甚至有馆中备车迎送之者。"他在诗中如此写道:"轻车衢陌响辚辚,钏动花飞夜达晨。未必投壶同玉女,却看迎送有香轮。"由是论,现在有的服务业经营者为揽客备专车接送的服务方法,还是有出处的。

澳门博彩业长期以来主要有6种,幸运博彩是最受欢迎的一种。何谓幸运?澳门相关的法令做了如是解释:"凡博彩,其结果系不可预料且纯粹靠碰运气者,概称为幸运博彩。"由是看,如你想试试运气,切不可望文生义,以为这个赌博方法就会有额外的"幸运"。

其实,幸运博彩包括了多种赌博方式,目前所包括的有番摊、花旗摊、骰宝、花旗骰、百家乐、迷你百家、双门无限庄百家乐、双门自由庄百家乐等等,花样繁多,能满足不同层次赌客的需求,是澳门最普遍的博彩形式。近年来,其年收入占整个博彩业总收入的90%以上。

但同理,花样种种,这也乐那也乐,真正"乐"者,来参赌者是极少数,大多数是鼓囊而来,空囊而归。因而,澳门也有一个不那么雅的别称——梳打埠。梳打即苏打,意思是进到澳门,口袋就像被苏打水洗过一般,还能留下什么呢?

第四章 多元社会 包罗万象

　　还有一些博彩形式，都是近代从西方引进的，像跑狗、赛马车、赛马、赛回力球、赌波（广东话"球"为"波"）等，大多源自欧美。唯有彩票，在澳门是既古老又有活力，花样翻新，层出不穷。

　　讲到澳门的博彩，自然不能不提葡京酒店。一般来讲，普通游客到澳门观光，都会去一去葡京的，不管是想博博彩，还是静观客。而葡京别具一格的建筑风格，也是给人印象最深的。

　　葡京为什么会建成这个样式的呢？作为国际级的大赌场，它的整个构架都是有讲究的。熟悉内情的人说，从奠基的第一块石块开始，便充满了阴阳八卦的玄机。葡京酒店最醒目的，就是那主楼的鸟笼形状。笼中之鸟能怎么样？其意就不言而喻了！但这个"鸟笼"还有一个特点，就是四周走廊未完全封闭，这是让入笼之"鸟"可出去扑"新食"，再回来"奉献"。

　　葡京酒店蝙蝠式门楣上盖也是颇有诱惑之意的。广东话发音，"蝙蝠"很接近"幸福"。从"幸福"下穿过，不就等同鸿运当头了吗？然而，这毕竟是一个表象，"幸福"下面的大门却似张开之虎口，入得虎口，你想"幸福"与否就不是自己做主得了！

　　葡京还有一个特点，就是从整个建筑上看，左右不对称。这也是风水讲究之体现，寓意为左青龙右白虎，右边的赌场即为白虎。左有青龙把门，入得白虎腹内，还能怎么样呢？

　　在澳门赌场中，有关风水的故事很多。回力娱乐场就是和风水一直纠缠不清。按说，回力娱乐场地处港澳码头，这从香港赌客为澳门主要客源的情形看，本来它应该是占了"地利"之优势的，可它却一直不兴旺，还遇到了几次麻烦。于是，请来风水先生剖析缘由：哦，是它的建筑风格有问题，屋顶形状有如一把剑，颇具攻击性；所涂的玫瑰色是死螃蟹的颜色，甚为不吉利。于是，它的颜色就被重新涂抹多次，成了多彩色。进口处的大门也挪了位置，不再有正门，而是分设两处入口。风水先生的"天机"是：这样，接近这里的煞气，便找不到进场的入口了！

　　如此地煞费苦心，你怎么还能期望运从个中来呢？

第四章 多元社会 包罗万象

色彩斑斓的金鱼，小孩最喜爱

各种花木任君选择

福隆新街的街头麻将档

第四章 多元社会 包罗万象

打牌九,是当时市井流行的娱乐

逢年过节,新马路一带街巷就允许开设骰宝摊

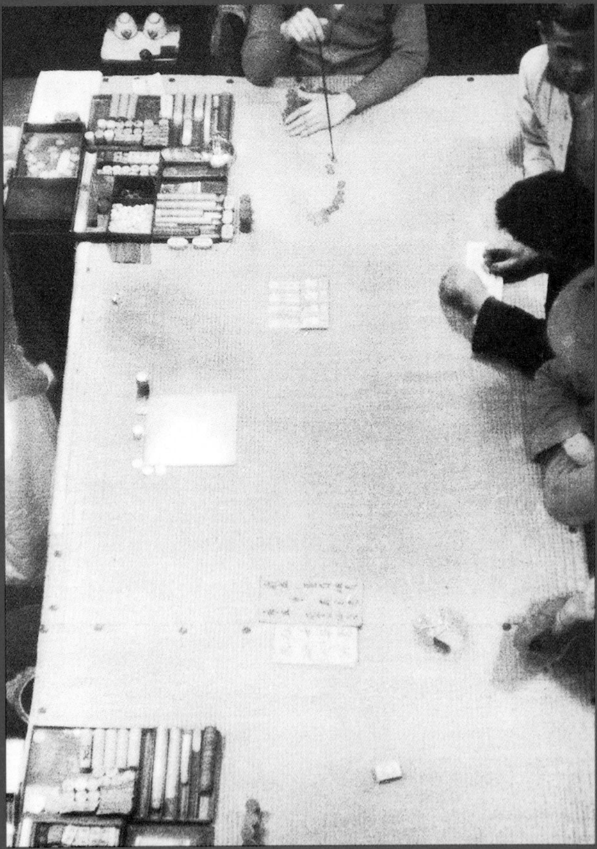

赌桌风云知多少

第四章　多元社会　包罗万象

手艺人制作麻将牌

街头的骰庄摊档非常热闹

赌仔聚精会神看"富贵荣华"总厂出售的铺票

第四章 多元社会 包罗万象

店铺专门代收铺票、白鸽票等各类彩票

流行的"买大小",也是民间赌博的一种方式

葡京酒店蝙蝠式的门楣

第四章 多元社会 包罗万象

一、声色犬马现百态

澳门赌博业的繁荣，必然"娼盛"。娼妓业和博彩业一样，在澳门同属特殊行业，是经澳葡政府立法批准，公开挂牌营业的，也是政府的一项重要财政来源。澳门娼妓业能经久不衰，这当是缘由之一。

究竟是赌博盛伴生娼妓兴，还是娼妓盛伴生赌博兴，现在已无从可考，但澳门娼妓业始于清乾隆以前，却是有史可究。清乾隆十四年（1749）十二月二十日，海防同知张汝霖在澳门议事亭前地曾"敕泐诸石，汉蕃文各一具"，上列约束澳门洋人的各项规定，其中专有一项"禁夷匪夷娼窝藏匪类"的规定，说明当时澳门不但有中国妇女在操业，也有洋娼妓前来走穴。可见，当时的澳门，宿娼狎妓已十分盛行，不然，清政府官员也不会公开禁止了！

澳门空前的"娼盛",狂妄不可一世、丢了小命的澳督阿马留"功不可没"。这个信奉强权的葡人,在1849年强行驱逐了香山县驻澳门官吏,封闭了关前街的粤海关行台,并将议事亭前地清政府所立的禁令石碑砸烂。从此,清政府再也约束不了澳门,而葡人实行自由港的管治政策。

1877年,澳葡政府还颁布了《新订澳门娼寮章程》,允许娼妓挂牌营业,澳门的娼妓业和赌博、鸦片烟业一起,空前繁荣。其时,澳门最著名的"销金窝"福隆"三街"(福隆新街、宜安街、福荣里)一带,夜幕降临,华灯璀璨,笙歌盈耳,车水马龙,王孙公子和大商贾纷纷来此寻花问柳,一掷千金。

清汪兆镛在《澳门杂诗》中如此描绘:"榕叶垂门花作灯,绮罗香映月波澄。天孙忌煞鸳鸯侣,巧乞青楼恐未应。"到了鼎盛期,也就是20世纪30年代,澳门注册娼寮有120间、妓女1500多人,而暗娼远未止此数。

旧时澳门娼妓居处的称呼,也颇有特点,如雅仙、咏春、留舫、红楼、京华及玉兰等。在陆地上的称"娼寨""妓寨",在水上的称为"咸水艇"(广东话"好色"为"咸湿")。也有别致些的说法,如"开厅踏艇",就是指嫖娼狎妓。

而对妓院的档次分别,也是甚为直白——最好的为"大寨",

次之为"细寨"（广东话"小"音"细"），而第三类的就呼之为"炮寨"，意即来此大多是直奔性事而来。

"大寨"主要在福隆"三街"，出入这里的嫖客和去"炮寨"者身份完全不同。他们到这里也不完全是纵情声色，借用眼下官场、商场上一句时髦语，便是来"应酬"居多，利用这些场合捕捉商机，联络人缘。

在澳门的"大寨"中，卖笑者大致可分为三类。一类称为"琵琶仔"。广东话"仔"是指男童，但这个"仔"并非是男童，而是幼小的未"开处"的雏妓。大多是幼时便被鸨母从穷苦人家买来，称作养女，仪态风韵、吹拉弹唱，悉心培育，然后待价而沽。初次接客程序繁琐，要先"摆房"：正餐称为"头渡"，夜宵称为"尾渡"等等，名目十分繁多，但结果都一样，嫖客出钱。摆房后为"半掩门"，又称"尖先生"。这是稍次一等，意思是年纪正值妙龄，刚失去了"琵琶仔"身份，但也不公开接客，所以叫"半掩门"。接客给的"缠头"叫"白水"，价格也不菲。

还有一类称"老举"。广东话"举""妓"音近，"老"便是经常，也就是公开接客的妓女，又叫"牛百腩"。她们留客过夜，目的在于把客人当作"牛腩"，在慢慢地"煲"的过程中索取"白水"。同样，如果有花酒的费用，是要另计的。

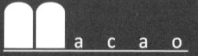

"细寨",又叫"二四寨",意思是妓女接客在白天为二钱,过夜则要四钱银两。这样的妓寨规模相对小些,多的也不过十几人,都要靠涂脂抹粉、倚门卖俏来招揽嫖客。

"炮寨"就更差了,一般一个寨也就几个人,大多是被拐到澳门来的内地妇女,也有一些在大寨中人老珠黄难以立足的妓女,她们收费也比较低。光顾这里的,大多是黑人兵、印度警察和苦力工人。

除了这些陆地上的妓寨,澳门当时还有不少水上娼寨,操卖笑业者被称为"咸水妹"。这大多为中下层"户",用"住家艇"为场所。这些妓女接客的同时,也要做船家生意,生活较凄惨。

除了这些最下层的妓女外,澳门还有一种类似金陵秦淮河上的豪华花舫,妓女就住在船上的房间内。船上有宴客的厅,厅房陈设也都考究,生活起居一应俱全。

澳门的"娼盛",给当时的政府带来了可观的财政收入,也为澳门带来了一定的社会问题,留下了诸多笑柄。中国最早的石印画报《申报》的副刊《点石斋画报》,就记录了当时相关的不少笑料,随便撷录一二,以作佐证。该报 1889 年 12 月的一期报道中有这样的内容:一个很有钱的和尚来到澳门,光天化日便招妓女到入住的旅舍陪酒助兴。花和尚的妄为连旅舍老板都看不下去，便冷言相讥。谁知这花和尚闻之，竟大言不惭地回应道："吾辈目中有妓，然心中非妓也，陪吾饮酒何碍？"

佛门弟子，不遵清规，用受供奉之银来澳门花天酒地。其时澳门世风可见一斑了。

另一则报道亦颇能反映其时人性之堕落。有一年逾六旬的老翁，仍乐于淫道，但因为天生不长胡须而自惭形秽。后来想方设法觅得秘方，还真的生出了几根胡须。虽稀疏寥寥，但得之不易，老翁甚为珍爱。

一日，他兴冲冲地前来澳门妓寨寻花问柳，在一妓寨看到一娇媚的雏妓，甚是可人，便色相全露。雏妓看见这老不正经的馋态，不由得冷冷一笑。这轻蔑的冷笑，昏了眼的老嫖客还以为是雏妓对他有意思，便兴冲冲地点了她。

雏妓虽然讨厌老头，但人在青楼欢场，身不由己，只好强颜欢笑，陪酒助兴。其间见老翁常得意地拈须，便心生一计，要作弄这个"咸色佬"。她千方百计灌得老翁醉醺醺后，就在少量的烟丝中夹了一根火柴，用烟纸卷起，放在桌上，借故离座。老翁酒足饭饱，便欲过烟瘾提神作乐，刚吸两口，燃着了火柴头，"嗞"的一下，香烟冒出的火苗，将老翁的几根胡须烧个干净。众人看了老头的狼狈样，大笑不止……

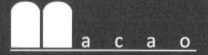

像这一类笑料,《点石斋画报》时有披露,看似荒诞不经,但何尝不是对其时澳门社会这一侧面的形象刻画和讥讽。

第四章 多元社会 包罗万象

昔日住宅的金木雕窗

福隆新街的歌姬自弹自唱，以娱寻芳客

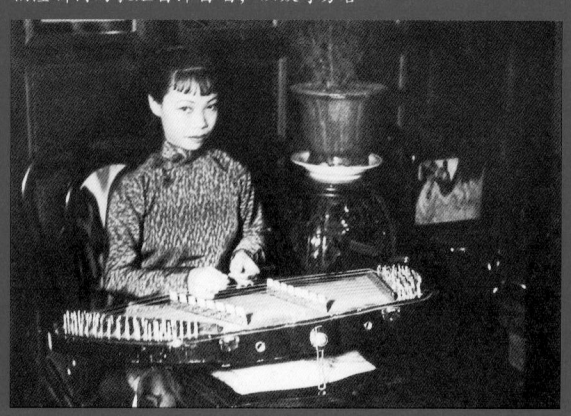
年轻貌美的歌姬弹奏扬琴

第四章 多元社会 包罗万象

福隆新街的歌姬，都精通吹拉弹唱

生活起居一应俱全的豪华花舫

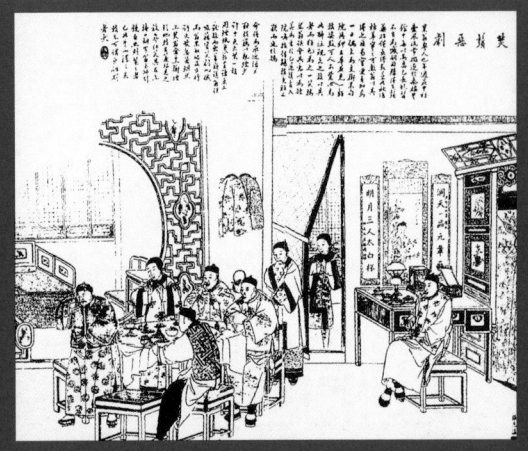

戏烧老翁胡须，1892年《点石斋画报》上报道

第四章 多元社会 包罗万象

《点石斋画报》中披露的士子为风尘女子赎身的故事

三、鸦片走私 几度兴衰

若论及中国历史上最屈辱的时期，小学生也会脱口而出：鸦片战争！

鸦片战争所以屈辱，就是因为英国人征服印度后，让印度农民种鸦片，英国人运到中国来，让中国人买他们这些危害身体的毒品。清政府和老百姓意识到了鸦片的危害，不让英国人做这种损人利己的生意。英国人不干了，就拿着洋枪洋炮为鸦片买卖来开路……

这听起来不要说公理，就是天理也难容的事，却是史实。

由鸦片战争始，泱泱大国沦为他人欺辱的"病夫"。"病夫"如斯，虽有多种缘由，但鸦片之毒的危害不可低估。国人痛恨鸦片，痛恨以强欺弱的英国侵略者。但是，是否又有多少人知晓，将鸦片这一原产土耳其的毒品偷运入中国、赚昧心钱的始作俑者，却是葡萄牙人。最早,一直以来也是最主要的鸦片贸易通道,就是澳门。

中国人吸食鸦片最初是什么时期?新中国成立后发掘北京定陵地下宫时,从明万历帝的骨头化验有吗啡看,证明其时在明代的王公贵族中,已有吸食鸦片者了。而有据可查的是,葡萄牙人入居澳门不久,就有从土耳其贩运鸦片到中国的史载。虽然当时数量有限,但不能忽略这是让国人身心受损、政府财源枯竭的罪恶之源。

论及鸦片的毒害,有人在诗中如是描述:"罂粟花苞米囊子,割浆熬烟诧奇美。其黑如漆腻如纸,其毒中人浃肌髓。双枕对眼一灯紫,似生非生死非死。瘦肩耸山鼻流水,见者咸呼鸦片鬼。伦常败坏室家毁,一念之差遂如此。呼吸苟延日余几,呜呼生已无人理。"描述毒害之甚,可谓入木三分。因而,也有人苦苦劝吸食者戒烟:"烟如旧,人苦透,家亡财散罪受够。其乐少,愁苦多,一朝上瘾,终身枷锁。莫!莫!莫!"

澳门鸦片走私的兴起,也是和澳门在 17 世纪后经济逐渐衰退相关的。当时的葡萄牙商人在澳门已很难再有以往那样大宗的商品可交易,生活在这里的葡人也因失去了充裕的财源而感到拮据,生活困顿使他们中的不少人步入罪恶之途。以牟取暴利为目的的

第四章 多元社会 包罗万象

葡商，自18世纪开始，从葡属殖民地印度的果阿和达曼运来鸦片，经澳门运往东南沿海，开毒害国人之先河。当然，澳门也是一个吸食鸦片的主要地区。

对鸦片的危害，清政府很早就已意识到。雍正七年（1729），雍正皇帝就颁布了惩办贩烟之徒的圣旨："兴贩鸦片烟者，照收买违禁货物例，枷号一月，发近边充军；私开鸦片烟馆引诱良家弟子者，照邪教惑众律，拟绞监候。为从，杖一百，流三千里，船户地保邻右人等，俱杖一百，徒三年。兵役人等借端需索，计藏照枉法律治罪；失察之讯口地方文武各官，并不行监察之奚海监督，均交部严加议处。"

谕令不可谓不严厉，但成效甚微，缘由何在呢？主要是从事鸦片走私的澳葡商人，对中国东南沿海口岸十分熟悉，又深谙贿赂各地贪官之道。当时在澳门，就设有一项专门的"贪污基金"，每箱鸦片交40元，一年可集10万元之多，主要就是用于贿赂官吏的"规礼费"。不法葡商还利用澳门自由港之便利，将澳门作为藏贮鸦片的基地。天高皇帝远，圣旨也就成了一纸空文。

到18世纪末，英国也加入鸦片贸易，把鸦片运到澳门，或将运鸦片的船停泊在澳门的海湾。葡英都利用澳门作为通道，互相攀比，走私鸦片愈演愈烈。清政府一再查禁，却鲜有成效，为什

第四章 多元社会 包罗万象

么呢？嘉庆十六年发生在澳门的一个故事最能说明缘由了。

其时，新任两广总督松筠，由水路从广州前往澳门，巡视军事设施并暗中查禁鸦片。他留宿澳门新庙，澳门总督花利亚带着英国东印度公司驻粤大班斯当东等人前来谒见。

寒暄毕，松筠摆足钦差大臣的架势问道："鸦片究竟是怎样配制的？一一道来！"

花利亚等告知："鸦片是将罂粟之液浆熬煎而成，详细情形就不知道了！"

松筠训道："尔等将鸦片贩来粤地，煎熬为烟。人吸之精神旺盛，无恶不作；上瘾者欲戒不能，败家残害生命者甚众。尔等试思之，如此害人获利，必致上干天和，将来倾家败产，其罪孽较之吸鸦片者更重。汝等宜各自寄书回本国，严禁贩此毒货，方可各免灾咎，于尔等自家性命，皆有裨益。"

花利亚等在松筠面前赔着小心应诺道："我们都深知鸦片系属违禁之物，不敢载运，唯港脚商（小私商）等偷偷贩运，希图获利。今蒙大人晓谕，唯有遵命，寄信各国，互相稽查，不令违例私贩。"

花利亚等人当面一套，回去又是另一套。在随后的报道中，英国东印度公司的大班发表了这样的评论："当我们注意到钦差大臣上述关于鸦片的谈话时，我们认为，这只不过是形式，而没

227

有一点会采取任何措施来查禁鸦片贸易的意思。这一贸易能如此长久,众所周知,是由于政府官吏本身的利益而默许的!"

害人者反说被害者之过,可悲的是居然为洋人所言中:松筠离开澳门后,没采取任何措施切实查禁。洋人走私鸦片更加有恃无恐了!

然而,中国人毕竟不全是松筠之辈。民族英雄林则徐在澳门禁烟的经历,虽不能称完全的扬眉吐气,总也一长国人志气。

看着鸦片走私20年,国人1亿多两白银哗哗外流,而吸食鸦片者一个个精神颓废,受道光皇帝委派的林则徐禁烟心切,一到广州就张榜贴谕:"限各国走私鸦片者,三日内将存放各处的鸦片尽数缴官,并保证以后来船,永不敢带鸦片。如有带来者,一经查出,货尽没官,人即正法。"

林则徐签署的禁令由香山同知送达澳门。澳督以为也不过和以前的钦差一样,雷声响、雨点小,就阳奉阴违,照样有鸦片从澳门走私,并被官兵查获。

林则徐大怒,立即通令澳督:三日内速将澳门夷楼所贮烟土查明,开出货主籍数,呈交中国官府,还可以饶恕以往的罪责;如继续违抗,将封澳挨查,从重惩罚,恐该夷不能久居澳地也!

看到这措辞强硬的"最后通牒",澳督这才意识到此钦差非彼钦差也,只好上缴了一些鸦片,并和持强硬态度的英商表面上划清界限。随着虎门海滩滚滚浓烟的腾升,更使澳葡官员为之震惊,对林则徐不由得另眼相看了。

林则徐巡视澳门,入关时天色尚微明,澳督等高级官员早已恭候在关闸。葡军官戎服佩剑,士兵肩荷火枪,队伍中"蕃乐齐奏",仪仗隆重地迎至望厦村莲峰古庙歇息。林则徐坐在长条案桌后面,以主人身份召见澳督,向他"宣布恩威,申明禁令",不得囤贮禁物,不许徇庇奸夷。澳督恭敬地听着训示,然后"以手柱额者三,敬谨退出",用葡国礼节表示对中国大臣的敬意。林则徐还当场赏了一些中国特产给葡方的官兵,恩威并具。

林则徐这次到澳门,主要目的就是杜绝强硬的英国鸦片贩子利用澳门窝藏鸦片的漏洞。来之前,他已勒令"英夷"离开澳门,责成澳葡当局"毋许奸夷囤贮售卖烟土"。

当他在巡查时,看到过去租给英商的房屋已关闭,抽查的洋楼中也确实没有鸦片。原来,澳督见林则徐是动真格禁烟,暗里要当地烟贩将囤贮的鸦片用船运走,还公开张贴告示严禁在澳门囤售鸦片。

林则徐路过三巴炮台等处,炮台上轰鸣19响礼炮。澳督称,这是葡国对最尊敬客人的大礼。林则徐在澳门长了国人的威风,

但倾巢之下，焉能独木相撑？随着他蒙冤发配边疆，澳门的鸦片走私又死灰复燃，在鸦片战争后更是兴盛。

　　清廷无能，澳门无奈，国人悲哀！

路边抽烟的老者

第四章 多元社会 包罗万象

鸦片馆里乌烟瘴气

抽烟斗消磨时光

坐在大宅石阶上抽一管烟,也许就过了一个下午

第四章　多元社会　包罗万象

林则徐禁烟

船上的老渔民也爱和烟斗做伴

macao

走在路上也不忘抽兩口

第四章 多元社会 包罗万象

燥记麻雀档的老板,喜欢抽"大碌竹"

林则徐像

第四章 多元社会 包罗万象

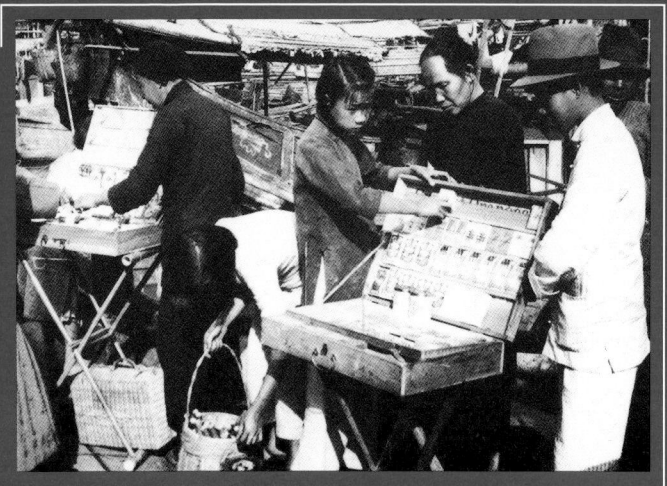

路边随处可见香烟档卖的不仅是纸烟

四、"猪仔馆"——人间地狱

刚到广东不久,有一次乘中巴从广州去珠海的途中,被司乘人员"倒腾"到另一辆车上。和广东的朋友偶尔聊及此经历,朋友大为愤慨:"你被卖了'猪仔'啊!你怎么不将车牌号记下来?"

不过是中途倒了一次车,也还是顺利地到了目的地,何以如此大惊小怪?当时我对朋友的态度甚为不解。

当我了解了"卖猪仔"一词的原委后,朋友对此深感屈辱也就颇为理解了!人世间,最血腥残忍的贸易,无疑是苦力贸易,也就是广东人所说的"卖猪仔"。当然,现今广东等地对车主中途将乘客转让称为"卖猪仔",主要是谴责车主的不良行为。苦力贸易,是专指19世纪被西方殖民者成批掠买(卖)海外殖民地人民进行奴隶劳动的所谓"亚洲(主要是中国人和印度人)契约劳工"的贸易。

第四章 多元社会 包罗万象

葡萄牙人是从事中国苦力贸易的第一个殖民主义者，澳门则是中国苦力贸易的第一个市场和据点。

其实，葡人在中国掠买人口的历史，始于他们到澳门前。龚克斯特著《葡萄牙在中国的居留地》一书中就有这样的记叙："西蒙安特拉德（葡人）于1518年驾一大舶及三小艇至屯门港，此人禀性贪暴，所在劫夺财货，掠买子女，并在该处建筑堡垒，表示占有该岛。"

鸦片战争前，在中国从事苦力贸易与走私鸦片一样属非法，明清政府也多次下达禁令，1749年清政府还出禁令："禁贩卖子女，凡在澳华夷贩卖子女者，照乾隆九年详定三例，分别究治。"

虽然下这样的禁令，真正的令行即止，那是不可能的，但殖民者多少也有所顾忌，只能暗地里干此勾当。

鸦片战争后，清政府的禁令名存实亡，澳门的贩卖人口有如今日的农贸集市一般，不但公然，而且兴旺。大批专门从事贩卖苦力从中获利的各国商人蜂拥至澳门，公开设立"招工机构"，即"猪仔馆"，从事这项罪恶买卖。最多时，弹丸之地的澳门，开设"猪仔馆"300多家，从事这一罪恶贸易的各国商人达三四万人。而从澳门被贩运到海外的苦力，据葡国官方数字统计，1865年至1873年的几年间，运往古巴、秘鲁两国的就有18万多人。这自

然是大大缩水了的。

不要说苦力出洋后的惨状,就是他们集结在澳门"猪仔馆"等待外运时不堪一提的情形,就可知后人为何如此忌讳"猪仔"之称呼了。且看郑彭年先生在《重放的莲花》一书中记叙的一个故事。1840年春,澳门华旺街德记"猪仔馆"里走出来两个人口贩子,满脸笑容,腰包都是鼓鼓的,塞满了洋钱。一个叫作阿顺的人,对一个叫作阿奎的说:"阿奎,这回买卖不差吧,老板给你多少钱?""30元。""30元,你这次带多少人来?""5个。""噢,老板太优待你了,这是按每人6元计算,一般是3元一个。""大概我要走运了,老板说这是第一次,下次来还有重赏。"

从这两个人贩子的对话中,我们哪里能感觉到他们视被贩卖的苦力为"人"呢?苦力在"猪仔馆"人格尊严得不到丝毫尊重也就不足为奇了,而生存条件之残酷更是触目惊心。

清人容闳曾目睹了这样的情景:"当1855年,予初归国时,琢甫澳门,第一遇见之事即为无数华工以辫相连,接成一串,牵往囚室。其一种奴隶牛马之惨状,及今思之,尤为酸鼻。"

这些沦为"猪仔"的苦力,大多并非是真正自愿卖身前来,而是"猪仔馆"——即葡人称为"巴拉坑"的老板,雇用大批流氓打手到各地,或以介绍职业为名,或以赌博、吃喝玩乐等诱惑拐骗到澳门。更不乏下蒙汗药、讹诈、索欠等卑劣手段，强行绑架。也有利用广东的宗族械斗，将俘虏掠为苦力。

1872年的《商报》曾披露了一位教师追叙当年被掳为"猪仔"的情形：16年前，当他和一名13岁及另一名15岁的学生在广州湾搭乘一艘双桨小舟漫游时，在雾中遭到一艘武装舰艇的拦劫，船上的人捣毁了小舟，并将小舟上的5个人劫掠到停泊于澳门的苦力船上，然后他们被运到秘鲁。在秘鲁沿海一带，这位教师曾三次被卖给不同的雇主。

像这样被强抢来的苦力，到了澳门华旺街、沙栏仔等处的"猪仔馆"后，如同入人间地狱无异。他们非但没有丝毫人身自由，还被剥掉衣服，在身上打上或涂上运往何处的印记。在"猪仔馆"，几十人挤在一间只铺了竹棍的地上，吃喝拉撒全在一起，生活环境之恶劣可想而知，而且还备受虐待，动辄施以酷刑，被打死者几乎每日都有。

香港《每日行情》1872年1月的一期报道中就有这样的披露：1871年，澳门街上发现尸首达348具之多；据当局可靠消息，其中绝大多数是因病或身体有缺陷，为苦力贸易代理人所抛弃的"未出国"者的尸体。而弃之大海难以统计的数字更多。

"猪仔馆"行暴行骗的手段繁多，不堪入目。有的"猪仔馆"

打人时,为了怕被打者忍不住疼痛而叫喊,被外人知道,就乱敲锣鼓、放鞭炮来掩人耳目,将人打死了,也没人知道。

当时澳葡政府对"猪仔馆"也有形式上的管理,如苦力上船前要问话:"是什么原因要卖身?是否是自愿的?"但这不过是欺世的形式而已。人贩子也都会有办法对付这种"形式"上的手续的。如在问话时,苦力们排成一队,轮流去台前接受问话按手印。葡人把合同很快地念给他听,不少人也许一个字也没听懂,如果茫然不知所问,则算同意,边上的人贩子就会将他的大拇指用力地按在合同上,就算是自愿签了卖身合同。

也有人表示不愿意,这时,混在苦力队伍中的人贩子就大声地吼叫"同意",把"不愿意"的声音掩盖了下去。而办手续的洋人由于接受了好处,则往往视而不见地草签了事。

如果碰上坚决拒绝出国,又不能有任何法子加以掩饰的情况,人贩子便买通一些小混混来冒名顶替,表示"自愿出国做工",以蒙骗检查员,等船出海后,再强行把不愿去的苦力送上船,换回冒名顶替者。但是,贪小便宜的冒名者也往往是"肉包子打狗——有去无回",照样被苦力船运往海外当苦力。

如果有人想从"猪仔馆"逃跑,抓回来的话必打死无疑。不少原来在家里生活条件不错的人,被抢或骗来澳门后,难以忍受"猪仔馆"内人间地狱般的生活,自杀身亡者往往每日一处就有10多人。

  澳门猖獗的苦力贸易,一直到1874年才在中国人民的强烈抗议和世界公众舆论的谴责声中得以终结。这项罪恶的贸易所以能延续这么久,直接的原因就是"猪仔"的鲜血和白骨,每年为澳葡政府赚取了20多万两的昧心钱。这白花花的银两,令葡人有了豪华的生活享受,同样也使葡人在澳门历史上留下了不光彩的一页!

"猪仔"待卖的情形。他们不知道自己即将面临什么样的命运

穷苦人家的孩子早早地成为苦力。闸炮,这是做爆竹的工序之一

第四章 多元社会 包罗万象

打缆工,是十分辛劳的体力活

画家笔下的"猪仔"

赤膊工人在聚精会神工作

挑送炮饼。肩负几何,苦辛自知

第四章　多元社会　包罗万象

渔民利用空闲的时间修补渔网

第五章 百年沧桑 沧桑几多

一、台风刮来"天灾节"

"澳门小姐"遭人祸。

人最不愿相遇的是什么？

天灾人祸！绝大多数人会脱口而出。

可人世间又有谁能左右得了天灾人祸呢？人世间又有谁不是在为了抵御天灾人祸而有所努力呢？以前的人祈求神佛保佑，现在的人筑堤固坝，或学两手拳术，都应有个中缘由在内也！

因而，我初听到澳门有个"天灾节"，感到诧异而可笑。真是世界之大，无奇不有。但继而一想，节日的目的无非是让人记住这个日子所能涵盖的某些内容，在纪念的过程中来达到传承、弘扬或警示的效果。由此看来，设"天灾节"于人类而言，现实意义还真十分明显呢！

澳门的"天灾节"，是金秋时节的 9 月 22 日。本来，这是个时令中的收获季节，这倒也应了那句老话：福兮祸所伏。

澳门为什么会有这么个听来不祥的节日呢？这还是和海有关。海造就了老澳门，澳门旧时的繁荣和发展都是海之博大的赠予；海也曾无情地戏弄澳门，澳门旧时的灾难和耻辱都是海承载而至。

澳门的"天灾节"，就是南海的台风"刮"来的！那是澳门历史上一个黑色的日子——清同治十三年（1874）九月二十二日深夜，澳门有史以来最大的一场台风席卷了整个澳门地区。不知是否是黑沙湾的南海龙王的臭脾气触怒了天庭，一时间，台风似乎要将南湾、十字门一带海域来个底朝天，卷起的巨浪不但把在海湾停泊的大大小小船只刹那间全部吞没，船上的渔家十有八九成了天庭迁怒龙王的牺牲品。就是岸上的房屋，也似着了魔力，像多米诺骨牌一样，被齐齐刮倒。

也不知天庭为何对澳门这般盛怒，风袭浪卷还不解恨，一声惊天动地的霹雳声中，澳门地区著名的花王堂被雷电击中，古老的木结构大屋，一旦着火，只有看着烧的份……风助火势，顷刻间祸及周围一大片房屋。

更可悲的是，在雷雨的轰鸣中躲在屋内的居民，做梦也不会想到，外面"噼里啪啦、噼里啪啦"的巨响，不仅是暴雨声，更可怕的是催命火焰的"吐舌"。祸不单行，不少人还未醒来就葬身火海；有的人知道了，夺路而逃，黑灯瞎火，又能奔向何处……

据当时根本没法完全统计的数字，在这一场天灾中，澳门死于非命者有5000多人，大大小小沉入海底的船只有2000多艘；而被毁的建筑物，由于当时还谈不上有规划，甚为不规则，也就无从统计了。损失的数字自然也只能用"惨重"二字来表示了。

不知是为了悼念死去的人们，还是为了警示人类警觉天灾，澳葡当局将这一天定为"天灾节"。本来就多节日的澳门，又多了一个节日，一个台风刮来的"节日"。

天有不测之风云，科学发达了，终还可测。人有旦夕祸福，有时就会防不胜防了！

在澳门这多是非的弹丸之地，百年沧桑，人祸频频。可真正因一起"人祸"直接毁了这一地区一项大事业的,恐怕非"澳门小姐"莫属了！

"澳门小姐"可不是时下选美中的佼佼者，而是一架双引擎的水陆两用飞机，担负往来港澳两地之间定期航班的飞行任务。

澳门历史上，航空业的发展实在是坎坷曲折。自从1915年旅美华侨谭根来澳门，驾驶水上飞机在黑沙湾上空举行了飞行表演，轰动濠江，让本来就善于接受新事物的澳门人第一次看到了比船更快捷的运输工具，想展翅蓝天的澳门人就接连不断。

第五章 百年沧桑 沧桑几多

　　但也不知这个靠船带来一切的滨海小城，是否航空业和风水相"冲"，一直都不顺利。从20世纪20年代开始，澳门曾几度发展航空业，所采用的都是水上飞机。因为弹丸之地，当时又没有现今这样填海建机场的气魄，水上飞机起降海面，不受机场限制，应该说是因地制宜的举措。但每次都是好事不经"磨"，最后"夭折"于一场举世皆惊的"人祸"。

　　澳门最老的飞行单位，该是"海军航空中心"。这是1927年葡国政府为加强澳门地区的防卫任务，由里斯本派来澳门的。中心正式设立是1928年，共有3架"飞利"牌水上飞机。这是一种双翼螺旋桨式、用劳斯莱斯引擎的飞机，我们在看世纪之初的老片子时，偶尔会有这样的镜头：机耳附有木制浮脚，机翼和机锤均有麻布包裹，以便水上飞行。但这样的战机，一旦有战事，一发枪弹也就差不多了。

　　这个中心开了5年就关了门！到了20世纪30年代，澳门有了首家民用航空公司，由美国老牌的泛美航空公司经营。这条航线从美国旧金山起，经太平洋的檀香山、中途岛、威克岛、关岛，再到菲律宾的马尼拉，最后到港澳。

　　这样的航线，在地图上标坐标，肯定是股市中的动荡股。可也没法，虽然有"中国飞剪号"这样听似快速的名，但最高时速

才130里,比现在的拖拉机快不了多少,全程1万里的航程,要飞一周才能到达;在茫茫大海上,不跳来跳去找着落点给机器和人"加油",怎么能行呢?

太平洋战争爆发,香港沦陷,这条"曲线"也就不动了!

1948年,澳门人想再圆航空梦。这次的阵势可不小,澳门葡籍富商、曾任澳葡政府经济局长的罗保任董事长,有钱又有名气的梁昌任经理的澳门航空运输有限公司,在香港注册。4月4日的开幕礼上,澳门总督柯维纳亲自将那架由美国制造的卡达琳娜型军用机改装的水陆两用飞机命名为美丽动听的"澳门小姐"。

事后,讲究风水的澳门人埋怨,这件事犯了两大忌。"4"是广东话中最忌讳的数字,两个"4",加了个反"双保险",不就是"在劫难逃"?也有人说,两个"4"相加就是"8",死也要"发",太想"发"了,欲速则不达。另一个忌讳,就是怪那洋老柯实在没有他的先人们开拓东方传教事业时那般虚心,不知道认真地学一学中国传统文化,以为占了澳门,就能主宰澳门的一切了。却不想澳门的土菩萨在人世间都是"红颜多薄命",中国的古训岂能当耳旁风?

"澳门小姐"在蓝天上风光了3个月又5天,就魂归大海:1948年7月16日,"澳门小姐"载着23名乘客和4名机组人员

第五章 百年沧桑 沧桑几多

从澳门飞往香港，飞机起飞不久，就与地面失去了联络……

澳门方面情知不妙，但以当时的航空业上相对的宁静看，谁也不会想到这是劫机造成的灾难。如果不是27人中有一人命特别大，也许"澳门小姐"的失事原因可能永远是个谜了！

能解开这个谜，还要归功于澳门水警的高效："澳门小姐"失踪不久，他们很快就在当时中山县（现中山市）境内的香洲海面发现了飞机残骸，而且还救起了一名受重伤的幸存者。这名叫黄裕文的伤者被送到了医院救治。

港澳双方开始也都把这一事件当作飞机失事处理。也许黄裕文作恶太多，命大福不大，在随后的打捞过程中，警方在飞机残骸里发现了手枪；坐飞机的人金银财宝掉到大海里无数，可就是这把致命的枪不丢，"澳门小姐"关键时刻看来还是很镇定。

接着，打捞上来的尸体中，副机师身上中有枪弹，劫机案是飞机失事的缘由当可肯定了。

警方的调查很快将疑点集中到了大难不死的唯一生还者黄裕文身上。当时警方归纳的疑点黄裕文难辞其咎：每当警方向黄裕文询问劫机时的情形，黄总推辞说不知道，他一登机就睡着了。澳门到香港20多分钟的航程，不要说当时人难得坐一趟飞机的兴奋，就是毫无隔音可言的马达轰鸣，一上机就能睡着，那倒真是

255

仙人了,难怪能"大难不死"!可编谎太离谱,也就谈不上"有后福"了。

警方还了解到,黄裕文在澳门没有住址,也说不出理由为何要从澳门坐飞机去香港;飞机失事后,许多遇难乘客的亲属纷纷来澳门警方打探详情,只有4个人没亲友来探问,黄裕文就是其中之一。在当时的情形下,坐飞机家人不可能不知道,而这么大的灾难发生,更不会有坐飞机者的家属不知道。

但黄裕文一味地支吾,警方也没法。解铃还须系铃人,要揭开谜底,非黄裕文开口才行。

当时澳门治安警察局局长鲍立德是否学过心理学不得而知,但在破此案中用的心理学,足可成为经典案例。他了解到黄裕文比较讲义气的性格,便心生一计,让一位十分醒目的华人警察,扮成普通病人,和黄裕文同住一间双人病房里。

开始黄裕文也颇为警觉,一谈到飞机案便什么也不说。后来过了一个多月,也难为了这位好端端的警察,"苦肉计"扮了这么久,终于赢得了黄裕文的信任,整天称兄道弟,一不小心就漏了口风:"澳门小姐"的劫难,还是因财而致。

和黄裕文一起的共有4人,飞机一起飞,他们就立即发难,两个人冲进了驾驶室,拔枪威胁,要机师让位,让其中一名懂得驾驶的劫匪来驾驶。

他们计划将飞机开到珠海三灶岛海面降落,那里日本人也曾修过一个军用机场,劫匪的另一伙人马已在接应。但想不到的是,机师竟勇敢地和劫匪搏斗,劫匪便开枪将两机师都打死了,飞机一下子失控,便俯冲向大海。黄裕文也算是见过大场面,在这样的情形下竟能撞开机舱门跳出飞机,逃过死劫。

但躲过初一躲不过十五。黄裕文是栽在"义气"上,还是栽在"报应"上,全凭读者去定论了!

还需要交代的是:这一当时世界罕见的中国首次航空劫难,对澳门航空业是致命一击。此后不久,澳门各航班均告停航,老澳门历史上飞飞停停的航空业,就此结束。

天灾和人祸,让澳门都"伤了筋""动了骨"!

斑驳的老建筑记录着这个城市的沧桑

第五章
百年沧桑　沧桑几多

街上的行人

破烂不堪、饱经风雨的运输船

制作精巧的彩车备受欢迎

第五章
百年沧桑 沧桑几多

街上游行的彩车

欢迎澳督的会景巡游

第五章 百年沧桑 沧桑几多

"祖国二号"。第一次从葡萄牙飞到澳门的飞机

263

二、『阿马留事件』是意外

在澳门的殖民史上，有两个"疯子"级的人物——总督阿马留和军官美士基打。他们印证了中国的一句老话——多行不义必自毙，也映衬了当地村民沈志亮的侠义和亮节。老澳门沧桑史上可悲可叹、可歌可泣的故事，这是其中之一。

1992年前到过澳门的人，在南湾广场（原铜马广场）会看到一尊高高耸立着的铜像。

就铜像论铜像，无论从哪个角度看，都颇为气度不凡：一个鬈发的武士模样的军人，骑在扬鬃腾跃的烈马上，高高挥起的左胳膊抬向右肩膀胛，左手紧攥着一柄向下欲劈的战刀。军人右衣袖的空空荡荡虽令人诧异，但那独臂策马挥刀的气势，倒也给人一份威武感，不失为一种英雄气概。

遗憾的是，这份英雄气概，虽不能说完全是艺术家的凭空臆想，但主要是葡人粉饰的结果。这个被澳葡政府视为英雄的人物——"独臂将军"阿马留，留下的可不是光彩的历史；而于他自己的人生，也是可悲的结局。

熟悉他生平的史学家认为，阿马留铜像显现的，与其说是英雄气概，还不如说是偏执、狂妄和霸气更确切。

阿马留的狂妄，是否是贵族血统的"馈赠"不得而知，但年轻时就有表现却是不争之事实。刚18岁，他便投笔从戎，远涉重洋，成为镇压巴伊亚领导巴西人民起义的葡殖民军中的刽子手。那时，他的狂妄便有充分的展示——在激战中，一发炮弹将他的右臂炸得不知去向，可他竟仍能狂呼着带领部队冲锋陷阵。

殖民扩张当然需要这样狂热的"炮灰"。阿马留少了一只右臂，并不影响在军界的步步擢升，一直添杠加星，没多久便晋级上校。对此，他志得意满，自称"独臂将军"，还狂妄地说："（我指挥军队）出没波涛锻炼，兵火所到必克，扫荡一清，只手留用不尽也。"

战争带来伤残的不幸，被他视为本来就是多余的一只手，傲慢和偏执的"战争狂"为葡国政府看中。1846年4月21日，他又一次漂洋过海，风风火火地来到了澳门。澳门这个当时已在走下坡路的商贸城，便因他的到来进入了多事之秋。

这个在殖民战争中失去右臂得到高官厚禄的"独臂兵头",信奉的就是强权。一踏上澳门的土地,他忘乎所以,把葡萄牙觊觎多年的欲望赤裸裸地表现,公然向中国神圣的主权叫板了。1846年5月30日,一个让整个澳门社会哗然的指令,由阿马留下达:对澳门居民征收地租、人头税和不动产税,要求中国居民和其他外国人一律缴纳;拒绝者,"拘拿鞭打"!稍后,他又向中国主权发狂:所有停泊在澳门的中国船员,都必须到澳门的理船厅进行登记纳税,拒交者扣船!

在中国的海上停船,要向葡国人纳税,阿马留的猖狂和霸道行径,激怒了中国船民,1500多人涌向澳门当局进行武装抗议,途中和澳葡士兵相遇,阿马留下令开枪镇压,船民退到船上躲避。丧心病狂的阿马留竟下令炮轰渔船,20多艘船只中弹起火,大批中国船民葬身炮火。

殖民者的暴行激起了中国居民的强烈愤怒,他们罢市抗议,停止对葡人供应食物,在澳门的葡人生活之需断了档,也吃到了苦头。但有着屠夫一般残忍性格的阿马留根本没法用常理来论,面对罢市,他不是反省自己的政策,而是声色俱厉地叫嚣:"各个店铺如果不在24小时内恢复营业,就要把整个市场用炮火夷为平地。"

可悲的是，面对阿马留这样无视中国主权的行径，清政府官员虽有交涉，但最终都是退让。阿马留见清官员软弱可欺，气焰更加嚣张，以修筑公路、街道命名、编写门牌号码为幌子，进行新一轮殖民扩张。

阿马留身上流淌的是殖民者狂妄的鲜血，信奉的是弱肉强食的强权主义。他的坐骑前蹄腾空，后蹄踏在一片青草地上，仿佛任何的阻碍都将在他砍刀的不经意挥洒中无影无踪。

他带上 10 多名荷枪实弹的葡萄牙士兵，就敢直闯中国在澳门的海关行台，封闭中国海关财产，钉闭大门，粗暴地扯下悬挂在海关前的中国旗帜，还放肆地拆除香山县丞衙署，拘捕和驱赶清政府官员……

一向毕恭毕敬的"僦居者"，整个儿就变成了"寨主"样。

更可恶的是：他肆意地扩张葡人居留地，在龙田村附近修筑马路，所经中国村民的祖坟地，限期迁坟，逾期就铲平坟墓，把骸骨扔进大海……

物极必反，阿马留的暴行令中国村民恨之入骨，以沈志亮为首的几位血气方刚的义士，决定除掉这个恶魔，为民除害。

1849 年 8 月 22 日黄昏，打猎颇有收获的阿马留策马扬鞭，在夕阳西下的晚风中颇为自得，但这个在清政府官员面前不可一

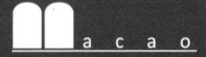

世、占尽便宜的澳督，怎么也不会想到，没多久他的命运就会如同刀尖上的猎物。

在阿马留的归途中，沈志亮等人特意放了鲜花和黄豆。马的嗅觉特别灵，阿马留的马闻到花香，便俯着大嚼起来。

正在这时，沈志亮双手高举状纸走上前来，声称要告中国驻澳关闸官员扰民的状。阿马留正千方百计搜集攻击中国官员的材料，得来全不费工夫，自是满心欢喜，迫不及待地欲一睹为快。

这狂妄的澳督，做梦也不会想到中国村民所设的"套"。没等他将信取出，另一位青年义士郭金堂挥一根竹竿扫向马头，白马受惊腾跃嘶叫。刹那间，路旁又跃出五六个青年，一齐杀将上来。阿马留大惊，急忙要掏手枪抵抗，沈志亮等义士挥动镰刀一阵乱砍，便将这个罪恶滔天的殖民者送上了西天。

他的副官见状不妙，溜之大吉。

沈志亮等人还割下了阿马留的首级和独臂，拿到望厦村的祠堂祭祖，告慰祖先。

在澳门这个"赌城"，阿马留的"赌注"太大了，大得不仅是"怡情"与否，而是蔑视中国人的血性，目空一切，孤注一掷。尽管他挥舞砍刀、策马扬鞭、恣意践踏的这块土地善良醇厚，却也不乏血性肝胆。

第五章 百年沧桑 沧桑几多

阿马留输了,输掉的不再是一只胳膊,也不仅是一颗脑袋;1992年,阿马留的铜像也在南湾广场被整座地撤走了——这是否是死了也不得"善终"的报应呢?

阿马留身首异处的下场本是咎由自取,偏执的殖民者心却不甘。于是,又多了个令人啼笑皆非的军官美士基打"投井自杀"的笑料。

1849年8月25日,葡军官美士基打为给阿马留"报仇",带领36名敢死队员,在阿马留遗像前煞有介事地三鞠躬后,歇斯底里地狂叫:"夺下炮台,血洗望厦,为君报仇。"

这些和阿马留一样的战争狂,在军乐队的伴奏下,向关闸以北的拉塔炮台挺进。炮台上的中国驻军面对葡兵的寻衅,打令旗加以阻止。美士基打全然不顾军中规则,下令就打,中国年轻的令旗官倒在侵略者的枪弹下。

葡军的暴行激怒了中国守军,愤怒的炮火射向敌人,整齐的敢死队顷刻散了架。美士基打疯了一般,掏出手枪,谁跑就打向谁,葡军只好拼死向炮台攻击。守军猛烈还击,不幸的是,在抗击倭寇战事中常有的悲剧性镜头又出现了,中国大炮响了几下,就哑了!

原来,大部分炮弹内装的不是炸药,而是沙子。

　　大炮失去了作用，弓箭刀枪怎能敌得过洋鬼子先进的洋枪，炮台失守，美士基打残忍地割下中国军官的首级，押着被俘虏的3名中国士兵向澳门"兵头"报功。

　　善有善报，恶有恶报，美士基打杀中国人太多，时时担心会有阿马留的下场，大白天也不敢上街，整天提心吊胆的，不久就精神失常了。官方为了安慰他，就让他去偏一点的氹仔炮台任司令，以躲避中国人的惩处。

　　想不到的是，之后他因精神错乱而几乎将全家人杀害，后又跳入其住宅一口井内自杀身亡。

　　澳门市民听说了这个恶棍的可耻下场，私下宴庆多日。

　　两个狂妄的殖民者，殊途同归，都没有逃出命运的嘲弄，也算是天公有眼！

第五章　百年沧桑　沧桑几多

阿马留铜像。澳葡当局于1940年设立，以纪念在澳门推行殖民主义"功勋卓著"的澳督阿马留。已于1992年拆除

关闸外街处的坟地

三、"路环惨案"几多惨

今日的澳门,最安宁的地方,当属路环岛。

如果以今日路环岛上那份安宁祥和来想象"路环惨案"的案发缘由,那你是徒劳的。

路环,虽然还是澳门的"乡村"地区,但澳氹跨海大桥、路氹填海公路和莲花大桥的兴建,离岛变通衢,概念学上的"海岛"已不复存在。五星级酒店、度假村、海湾别墅等现代化的建筑散落其间,就更没有了昔日"路环岛实在是一个粤省著名巨盗聚首的大贼巢"的野气了。

路环岛历史上之所以是一个"巨盗聚首的大贼巢",为海盗、绑匪看中,有它地理环境上的因素,也有治权归属不清的因素。

路环岛虽然距澳门半岛仅8公里远,现在从澳门去岛上也就10分钟车程。可在没架桥修路前,这可是一个独立的荒岛,往北

第五章 百年沧桑 沧桑几多

有氹仔岛，往西有大小横琴岛、三灶岛等。在这么一大串的蛮荒海岛中，你要搜寻盗贼还真不是件容易的事呢！

更有利于盗贼生存的原因，就是这一带海域的小岛管治权一直不明确。本来葡国人租借地就是澳门半岛，可历史上葡人以打击海盗防御他国侵扰澳门为由，在路环、氹仔修筑了炮台工事，到了近代划界谈判时，就以此为由，认定这些海岛也归属澳葡政府管治。

虽是强盗逻辑，遭到国人反对，但清政府的无能也就使得事关主权这样的大事不了了之，路环岛也就成了没人具体管治的荒岛。

路环岛，又叫九澳岛，是十字门的入口，位于航道要冲，又和其他海岛相隔不远，窜逃便利。20 世纪初，岛上约有居民 2000 人，都以捕鱼为生。而混杂其中的海盗劫匪，常以渔人的面目出现，劫洋船、标参，贩卖军火，无恶不作。这些匪贼不仅"靠海吃海"，作恶于这一带海域，还和大陆上的匪徒相勾结，在珠江三角洲和五邑地区经常犯事。

1910 年 7 月，广东新宁，也就是现在的台山市以及开平等地接连发生了教案，新宁县有教会学校的 10 多名学生，遭武装匪徒绑票；开平信德里，匪徒公然抢劫教堂，还抢掳了教民的两个儿子。

匪徒们把这 10 多个教民子女连夜用船运到了路环岛上，找到一个坚固的处所关禁起来，一方面严加看管，一方面给家长开具了赎票条件，派人送到新宁、开平。绑匪们声称，如果不在两个星期内交出 3.5 万元圆大洋赎金，一过期就要"撕票"。

一下子被绑票这么多人，而且公然聚集路环岛上等赎金，此案一发即震惊四乡。两广总督认为当时澳门地界尚未勘定，路环岛管治的归属有争议。在这样的情形下，不能照会澳督，让他派兵上岛捉拿；如果这样，等于承认路环岛为澳葡政府管治地了。

从这一点上看，袁总督并不糊涂，说到底还是"惧洋症"所致。为什么呢？既不是葡人的属地，自是他这个两广总督的管辖范围，可他又是怎么考虑的呢？他不便派兵去捉拿绑匪，避免给葡人来交涉的口舌。不是葡人该管的事，不能让葡人管！自己这个总督该管的事，管了，会不会触犯葡人呢？而百姓子民生死若何，则其次了！天下竟有这样的为官之道，国运何以能昌！

被绑票的几乎都是教民，家属们见求助官府无望，就只好向澳门主教求救。澳门教会又将案情禀告给了澳葡当局。

澳葡当局可就没有袁总督的"大局观念"了，根本和中国官府招呼也不打一个，就派兵上路环岛剿匪去了。不谈缉拿绑匪之举的是与非，随意就出动军人进入他国领土，葡人的蛮横和清政府的无能就尽在个中了。

澳葡军队也低估了绑匪，以为洋兵洋枪一到，绑匪必定惧怕就范。不想这些绑匪中，大多为亡命之徒，也知道所干的都是提脑袋方能干的事，面对葡兵压境，就来了个硬碰硬，凭借防守优势，打死打伤葡军官兵数人。海盗们一不做二不休，还把葡军1864年在島上建的炮台也给攻了下来。

在中国官府面前蛮横霸道占尽了便宜的葡人，却在海岛上的盗贼手里栽了个大跟头，怎么能咽得下舒心惯了的"洋气"。他们马上就增派了军队，还调来了军舰，一连数天，进行了猛攻滥轰。当时战斗的情形，有史书称"水陆军舰轰击路环，如临大敌，遂至良莠不分，玉石俱焚"。

可恶的是，原本是去抓海盗劫匪的葡军，所干之事更甚盗匪。他们将战事最初失利，归咎于全岛居民，认为岛上所有人都是匪党，放火焚毁了九澳全乡居民的房舍，数百村民惨遭葡军枪杀。更惨无人道的是，葡军将躲避战火的渔船用炮击沉，又致使38名村民葬身海中。

在猛烈的炮火轰击下，绑匪不敌逃窜，葡军救出了一些"肉票"，还抓获了450名"匪徒"。当然，这450人中，大多为九澳的渔民。

葡军认为剿匪大捷，但这一场战事最终受害的，还是无辜的

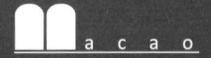

渔民,大批村民惨遭杀害,九澳乡成为一片废墟。废墟上尸首随处,血流成河,惨状不堪目睹。路环岛自此很长一个时期人迹罕至。

"路环惨案"发生后,举世皆惊。广东民众、海外华侨通过各种途径,强烈抨击澳葡当局无视中国主权,随意残杀百姓的暴行,要求中国政府废除条约收回澳门的呼声一浪高过一浪。而那名患得患失的总督大人,其"放弃主权",使路环居民"一任外人残害"的无能,也受到舆论和民众的谴责。

惨案发生了,袁总督似乎也"觉悟"了,"严正"地谴责澳葡当局对不属其管治的路环擅自用兵,是无视大清国主权的行径,还请求清政府从速与葡萄牙政府勘界,以免日后纠葛。

在一片骂声中,这名总督大人也自觉无颜再干下去了,便称病辞官。

袁总督此举,倒也不失自知之明。可一个封疆大吏的良心,非得在百姓的血肉中发现,这是否也和"路环惨案"一样惨呢?

第五章 百年沧桑 沧桑几多

开枪射击的葡萄牙士兵

路环周围作业的渔船

被抓获的绑匪

第五章
百年沧桑 沧桑几多

"路环惨案"中夷为平地的九澳村遗址

跋

书稿写作已一年有余,终可写这个"跋"字,本该舒一口气了,可我却未有一丝的轻松感。

此书写作期间,有朋友问我感觉如何。我答之:感慨万千!何故?人之将至不惑,体味了做"学问"之艰辛。

曾经有过在澳门回归期间赴澳采访两周,出版了个人专题报道集的经历,因而,有勇气"领受"《老城市》系列丛书中的《老澳门》一书的写作任务。当时负责组稿的出版社副社长(现已任职江苏凤凰出版传媒集团)杜辛先生为了让我熟悉这套丛书的风格,寄来了几本已出版的《老城市》。当读了陆文夫、贾平凹、徐城北、叶兆言、池莉等一个个文坛大手笔之作,我不禁有些犯怵了:长期的新闻报道写作,使我感到了与"文学"的"距离"!

这本书稿的写作,于我而言的艰难,实在不是一般:丛书的

跋

　　作者基本都是生活在当地,熟悉所写城市的情况,而到广东生活才几年的我,写的又是别处城市;其次,澳门虽是个小城市,开埠时间也不算太长,但澳门特殊的历史背景,使它的内涵实在浩瀚博大,要浓缩到这么个集子里,难度之大可想而知。

　　丛书多位编委的热情鼓励,特别是时为全国人大常委会澳门基本法委员会委员、北京大学特聘教授、澳门大学澳门问题研究所副所长黄汉强教授允诺内容上把关,使我鼓起了信心将勤补拙。前后10余次赴澳"挖"材料,细细捧读了数十本相关书籍,近大半年的准备后方笔耕墨来,能否和丛书相并相列,只能留待读者朋友评判了!

　　我这么个初识澳门的外地作家,能完成这本书稿的写作,实在是和太多热心人的相助分不开的:一是前辈、澳门问题专家的研究成果的学习和借鉴(实在太多,恕不一一罗列名录);二是在身体欠安的情况下,黄汉强先生三审文稿,治学之严谨令人起敬;三是澳门特区政府文化局何丽钻局长特别安排辖下的澳门博物馆等无偿提供馆藏照片。还有一个故事不能不提:时年88岁的澳门老画家朱锵先生和85岁的澳门老年书画家协会主席陈炽先生等,在炎炎夏日,亲自陪作者到澳门博物馆、澳门艺术博物馆等处,引荐熟人,收集资料……

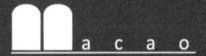

  在此书写作过程中，全国人大代表、澳门中华教育会理事长黄枫华先生，澳门中山同乡联谊会理事长林树棠先生，港澳燕窝业商会理事长阮建昆先生等都给予极大的帮助；澳门博物馆、澳门艺术博物馆在图片资料上给予了无私的大力支持……

  对此，我只能万分诚挚地说一声"谢谢"！

沈小龙

图书在版编目（CIP）数据

老澳门 / 沈小龙著 . -- 南京：江苏凤凰美术出版社，2020.7
 ISBN 978-7-5580-5228-6

Ⅰ.①老… Ⅱ.①沈… Ⅲ.①澳门-地方史 Ⅳ.①K296.59

中国版本图书馆CIP数据核字（2020）第102802号

项目统筹　王林军
责任编辑　高　森　舒金佳
书籍设计　高　森
责任校对　吕猛进
责任监印　生　嫄

书　　名	老澳门
著　　者	沈小龙
出版发行	江苏凤凰美术出版社（南京市中央路165号　邮编：210009）
出版社网址	http://www.jsmscbs.com.cn
制　　版	南京新华丰制版有限公司
印　　刷	南京迅驰彩色印刷有限公司
开　　本	889mm×1194mm　1/32
印　　张	9
版　　次	2020年7月第1版　2020年7月第1次印刷
标准书号	ISBN 978-7-5580-5228-6
定　　价	108.00元

营销部电话　025-68155790　营销部地址　南京市中央路165号
江苏凤凰美术出版社图书凡印装错误可向承印厂调换